Learn Spanish For Beginners: 11+ Short Stories& Accelerated Language Learning Lessons- Conversations, Grammar& Vocabulary Mastery+ 1001 Phrases& Words In Context- 21 Day Blueprint

TABLE OF CONTENTS

Introduction 2
   PRONUNCIATION 2

Lesson 1 - The Pronouns 4

Lesson 2 - The Articles 8
   THE DEFINITE ARTICLES 8
   THE INDEFINITE ARTICLES 10
   THE ARTICLE LO 11
   NO ARTICLES 11

Lesson 3 - The Verbs 15
   CONJUGATION OF THE VERBS 15
   REGULAR VERBS 16
   IRREGULAR VERBS 18
   INTERROGATIVE AND NEGATIVE FORMS 21

Lesson 4 - The Nouns 24
   COMMON NOUNS 24
   PROPER NOUNS 25
   NOUN PHRASES 25
   NOUNS AND GENDER 26
   NOUNS AND NUMBER 26

Lesson 5 - The Adjectives 30
   TYPES OF ADJECTIVES 31
   COMPARATIVE AND SUPERLATIVE ADJECTIVES 32
   La bicicleta 35

Lesson 6 - The Prepositions 38

Lesson 7 - The Conjunctions 44
   COORDINATING 44
   SUBORDINATING 44

Lesson 8 - The Adverbs 49
   WHAT KIND OF ADVERBS ARE THERE? 50
   THE ORDER OF THE ADVERBS 51

Lesson 9 - Imperatives 54

Lesson 10 - Exclamation and Interrogation 57

- PERSONAL 57
- IMPERSONAL 57
- THE ORDER OF THE SENTENCES 58
- NEGATION 58
- QUESTIONS 58

Lesson 11 - The Accent 63
- TYPES OF STRESS 63

Lesson 12 - Reflexive Pronouns 69
- WHAT ARE THEY? 69
- WHERE DO YOU PUT THEM? 70

Final Exam 73

Answer Key 76

Spanish - English Dictionary 89

English - Spanish Dictionary by Topic 97

Extra Reading 101
- Los Grandes Beneficios De Hacer Teatro 102
- Buenos Aires Para Impresionar En Una Primera Cita 104
- Recetas de Cocina para Deleitarse 105
- El Avance de la Tecnología 111
- El Español 112
- El Fútbol 113
- Antonio Machado 114
- Fiestas y celebraciones importantes de los países de habla hispana 119
- El impacto de la tecnología en el trabajo 123

Learn Spanish For Beginners: 11+ Short Stories& Accelerated Language Learning Lessons- Conversations, Grammar& Vocabulary Mastery+ 1001 Phrases& Words In Context- 21 Day Blueprint

Hi! Welcome to our super-fast course to learn Spanish, even when you are on the move!

In this course, you will be able to speak one of the most spoken languages in the world in a short time - and perfect if you follow the guide. This step-by-step course consists of explanations, examples, a dictionary, and a nice story to make the learning smooth and interesting. If you have in mind the objective, you will speak Spanish in a couple of months!

Here are our suggestions to achieve your goal:

- *Read the explanation thoroughly and, at the same time, check the dictionary to learn the new words and expressions.*
- *Once you have understood and read the explanation, there is an activity at the end of the lesson to put everything into practice! Do it! The answers to the activity are at the end of the book.*
- *<u>Don't try to understand every word or the whole text</u>, this is very important. Try to make your guesses in context. The stories are written at a higher level than what you are 'learning,' and that is on purpose, so you will be improving your skills without noticing it!*
- *Read <u>aloud</u> to practice pronunciation.*
- *Do the exercises more than once; we suggest you do it at the beginning and then go over them once you learned the topic or the structures.*
- ***Don't worry*** *so much about the grammar explanations, they are just there to guide you and solve issues when you are confused.*
- *Additionally, you will find **Cultural Facts** and related **Extra Activities** in each lesson to experience the language from different views. You can always go beyond and search the web.*
- *This is the most important recommendation: **ENJOY!***

Are you ready? Let's get started!

Introduction

Spanish people wonder why English people pronounce letters in so many different ways. Well, we have no idea... In the same way, English people wonder why Spanish people pronounce the letters in a certain way... My advice: **don´t try to find an answer to every question.**

Sometimes we don´t need to know every detail, and that is something we will face as adults. When you start learning a language at a certain age, we get to ask about everything and we want to know why this and why that, nouns, verbs..., why do adjectives change gender in Spanish? Why Spanish people have an extra letter called Ñ (*enye*)? Don´t worry! Just use it and practice it. for now, just enjoy and repeat!

In this lesson, we are going to introduce the Spanish language and give you some basic information you should know before starting studying. From letters to pronunciation to exclamation to interrogative marks, there are small, tiny things we must explain.

PRONUNCIATION
How do you pronounce letters in Spanish?

Just for your reference, here you have a chart to have an idea of how letters are pronounced. This will help you when you don´t know how to pronounce a word.

Code	Letter	Spanish Pronunciation	As... in English	Example in Spanish	Translation in English
1	A	ah	Father	aprenderé	I will learn
2	B	beh	baby	banana	banana
3	C	ceh	case	casa	house
4	CH	cheh	church	chupetín	lollipop
5	D	deh	day	de	of
6	E	eh	less	estoy	am
7	F	effe	photo	fácil	easy
8	G	ge	Great	grande	big
9	H	hache	honor	hogar	home
10	I	i	easy	igual	equal
11	J	jota	him	jugo	juice
12	K	kah	kilo	kiosco	kiosk
13	L	ele	Last	luna	moon

14	LL	elle	you	lleno	full
15	M	eme	Mother	muy	very
16	N	ene	nobody	nieve	snow
17	Ñ	eñe	canyon	ñandú	rhea
18	O	oh	vote	oso	bear
19	P	peh	past	perro	dog
20	Q	koo	chemistry	que	that (what)
21	R	ere	road	rápido	fast
22	S	ese	estate	seguro	sure
23	T	te	time	taza	cup
24	U	u	tutor	uña	nail
25	V	veh	vein	vaso	glass
26	W	doble	Watch	Walter	Walter
27	X	equis	exercise	xenofobia	xenophobia
28	Y	y griega	Yours	yuyo	weed
29	Z	zeta	sock	zapato	shoe

The letters colored in grey are just for your reference, as they aren't part of the Spanish alphabet; they were in the past, though. We put them in the list so you know they exist, are used by the Spanish speakers, and have their own pronunciation.

Lesson 1 - The Pronouns

There are 6 pronouns in Spanish, which have also their corresponding plural and gender forms.

Yo	I
Tú - Vos	You
Él - Ella	He - She
Nosotros	We
Vosotros - Ustedes	You (Plural form)
Ellos - Ellas	They

> *"¡Hola! ¿Cómo estás? Mi nombre es María. Yo soy la maestra de este curso".*
>
> *"Hi! How are you? My name is María. I am the teacher of this course."*

As you can see, María is introducing herself, and when she does that, she uses the pronoun **YO**, which is **I** in English.

> *"¡Hola! ¿Cómo estás tú? Mi nombre es María. Yo soy la maestra de este curso".*
>
> *"Hi! How are you? My name is María. I am the teacher of this course."*

In this case, María added the pronoun TÚ in the question, and TÚ means YOU. But, as you may have seen, in Spanish is not necessary to use pronouns. We can say:

> *"¡Hola! ¿Cómo estás? Mi nombre es María. Soy la maestra de este curso".*

Do you know why it is not necessary to add the pronoun?

Because in Spanish the verbs have their own conjugations for each pronoun. That means that if we say **SOY**, it is implied that I am talking about **myself**. SOY means I AM. It refers to I, ME.

If we say **ESTÁS**, it means that **YOU ARE**; but if you say **ESTAR**, it means **TO BE**. Below, you will find the conjugation of the verb SER/ESTAR, where you will also find examples.

Verb TO BE	SER = be someone/something		ESTAR = be somewhere/somehow	
I am	Yo soy maestra.	I am a teacher.	Yo estoy en casa.	I am home.
	Yo soy alto.	I am tall.	Yo estoy triste.	I am sad.
You are	Tú eres doctor.	You are a doctor.	Tú estás en Chile.	You are in Chile.
	Tú eres lindo.	You are cute.	Tú estás feliz.	You are happy.
He - She is	Él es abogado. / Ella es abogada.	He is a lawyer. / She is a lawyer.	Él está en Australia. / Ella está en Australia.	He is in Australia. / She is in Australia.

	Él es divertido. / Ella es Divertida.	He is funny. / She is funny.	Él está molesto. / Ella está molesta.	He is annoyed. / She is annoyed.
We are	Nosotros somos hermanos.	We are brothers.	Nosotros estamos en la cocina.	We are in the kitchen.
	Nosotros somos flacos.	We are thin.	Nosotros estamos tranquilos.	We are calmed.
You are (Plural)	Ustedes son estudiantes.	You are students.	Ustedes están en África.	You are in Africa.
	Ustedes son inteligentes.	You are intelligent.	Ustedes están contentos.	You are content.
They are	Ellos son empleados.	They are employees.	Ellos están en España.	They are in Spain.
	Ellos son raros.	They are strange.	Ellos están nerviosos.	They are nervous.
It is	Es un perro.	It is a dog.	Está en la caja.	It is in the box.
	Es grande.	It is big.	Está roto.	It is broken.

GREETINGS

Now, let's talk about greetings!

In Spanish, you can say HELLO or GOODBYE in different ways. Let's see some examples:

> *"Hola, buen día. ¿Cómo estás?"*
>
> *"Hello, good morning. How are you?"*
>
> *"Un gusto verte. Yo estoy muy bien, ¿cómo estás tú?"*
>
> *"Nice to see you. I am fine, how are you?"*

You can see a list of greetings in the dictionary of this course at the back of the book. We suggest that you read and study the list before continuing to the practice below.

PRACTICE

Read the dialogue and write VERDADERO (true) or FALSO (false).

> — *Hola, ¿cómo va? Soy Paula. ¿Cuál es tu nombre?*
> — *Hola Paula. Mi nombre es Ana. Un gusto conocerte.*
> — *Igualmente Ana, es un placer conocerte.*
> — *¿Qué onda esta clase?*
> — *María es la maestra del curso. Es linda, inteligente y divertida.*
> — *¡Buenísimo! Estoy feliz de estar aquí. ¿Estás contenta?*
> — *Sí, yo estoy contenta ¡y estoy nerviosa! ¿De dónde eres Ana?*
> — *Yo soy de México ¿y tú Paula?*
> — *Yo soy de Guatemala.*

TRUE or FALSE

1. Paula y Ana son estudiantes.
2. Ellas están en su casa.
3. María es maestra.
4. María es inteligente.

5. Paula está calmada.
6. Ana es de Chile.
7. Paula es de Guatemala.
8. Paula está feliz.
9. María es estudiante.
10. Ana es de Guatemala.

❖ CULTURAL FACT

Spanish is not equal in the different countries. That doesn't mean that it is another language. All the Spanish countries have the same dictionary, the **Real Academia Española** dictionary, and Spain is where the language is updated every year.

The thing is, as, in any other language, there are dialects and colloquial terms which are typical of certain regions. It is also important to explain that there are two specific Spanish-speaking countries, Argentina and Uruguay, which use the conjugations with the **VOCEO**. It is also used in some other countries of South America, although not so frequently.

What is VOCEO?

This is a different way of conjugating the verbs in the 2nd person.

"Hola, soy María, ¿vos quién sos?"

María is asking YOU who you are. But, she is speaking using VOS, instead of TÚ. So, instead of saying TÚ ERES, she says VOS SOS.

In the VOCEO, most of the verb conjugations are different, but in the verb to be, you only have to remember that you should use VOS SOS instead of TÚ ERES when you are saying YOU ARE.

EXTRA ACTIVITY

Listen to the song *"La Bifurcada"* by Memphis La Blusera, an Argentinian blues band, and complete the missing words. You can find it on YouTube!

Here you will listen to the Spanish language using VOCEO, and that will give you an idea of how the verbs and accents are used in certain countries. Enjoy!

Si te vas	Si te vas
No, no, no, no me voy a matar	No, no, no, no te voy a extrañar
Sabés, mejor	Sabes, mejor
Lleváte si querés el televisor	…….. desconocía tu inclinación
Mientras hacés la valija	Te decidiste
Escuchá …….. canción	Te definiste

Si y te vas

No, no, no, no voy …… llorar

Sabés, mejor

No queda otra que la separación

Si te llevás la cama, chuchi

Dejáme el colchón

Te vas con tu amiga

Feminista perdida

Tus modernos inventos

Que ….. puro cuento

……. feminista

Y yo machista

Andá por la sombra y cerrá ……. el portón

(Coro)

Lesson 2 - The Articles

There are **definite** and **indefinite** articles in Spanish. An article is a word that accompanies nouns.

In Spanish, there is a different article for each kind of noun that follows it, and they are used according to the number and gender.

To have a general idea, when the noun is plural, the word ends in **ES/S**. When a noun or adjective is feminine, the words usually end in **A**; and when it is masculine, it usually ends in **O**.

Of course, there exceptions and rules that you can check in the dictionary.

For example:

EL ÁRBOL ALT<u>O</u> (the tall tree)	**LOS** ÁRBOL<u>ES</u> ALT<u>OS</u> (the tall trees)
LA MES<u>A</u> ROJ<u>A</u> (the red table)	**LAS** MES<u>AS</u> ROJ<u>AS</u> (the red tables)

There is also a **neutral article**, meaning it is not feminine or masculine, and in some cases, there isn't a used article at all.

Let's take a look!

THE DEFINITE ARTICLES

There are four Definite Articles. They are singular, plural, masculine, and feminine. In order to know which one to use, you must know what type of noun you are using after. They are:

- **LA** - feminine and singular
- **LAS** - feminine and plural
- **EL** (without accent!) - masculine and singular
- **LOS** - masculine and plural

When are these definite articles used?

Apart from knowing the type of noun that follows the article, you should know a few more things.

Definite articles are usually used to talk about general things and things that have been mentioned before in the speech. But they are also compulsory in the following cases:

✓ Days of the week

Estudio <u>los</u> lunes.
I study on Mondays.

✓ The time

Son <u>las</u> 3 a.m.
It is 3 AM.

- ✓ When mentioning the title of a prince, madam, manager, boss, president, among others

<u>El</u> presidente de los Estados Unidos.
The President of the United States.

- ✓ With reflexive verbs that are built with body or clothing vocabulary

Me lavo <u>las</u> manos.
I wash my hands.

- ✓ The direct object comes before the verb

¿Dónde está la lapicera? La lapicera <u>la</u> tengo yo.
Where is the pen? I have the pen.

- ✓ When talking about likes and dislikes

Me gusta <u>la</u> lluvia.
I like the rain.

And it is also important to mention when IT IS NOT CORRECT TO USE THE DEFINITE ARTICLE:

- When the verb HABER (there is/are) is present in the speech

<u>Hay libros</u> sobre la mesa.
There are books on the table.

- Before names

<u>Paula</u> es mi amiga.
Paula is my friend.

Now, how do you know WHEN to use one or the other article? Well, at the beginning that may be a problem for someone who speaks English and the only article he or she uses is THE...

Yes, in Spanish, and as it happens with other Latin languages, YOU HAVE TO KNOW WHAT GENDER IS THE NOUN in order to use the correct definite article before, and then check the number - singular and plural form - to pick the correct one. Check these examples:

- <u>Masculine - Singular</u>	- <u>Masculine - Plural</u>
<u>El</u> niño es venezolano.	*<u>Los</u> niños son venezolanos.*
The boy is Venezuelan.	*The boys are Venezuelan.*
- <u>Feminine - Singular</u>	- <u>Feminine - Plural</u>
<u>La</u> niña es colombiana.	*<u>Las</u> niñas son colombianas.*
The girl is Colombian.	*The girls are Colombian.*

As you can see, the article changes according to the noun (niña, niñas, niño, niños), and so does the verb (es, son.) Everything must have a concordance. The only way to know it is by learning what gender the nouns are, and for that, you have a dictionary!

There is also an exception when using definite articles. When a noun starts with the letter A and it has an accent, you should use the masculine article.

Example:

> *El águila vuela.*
>
> *The eagle flies.*

In this case, águila is a feminine noun. But, as it starts with the letter A and the accent is there, we should use EL instead of LA. But in the plural form we say:

> *Las águilas vuelan.*
>
> *The eagles fly.*

THE INDEFINITE ARTICLES

The Indefinite Articles in Spanish are used in a similar to the English language. They are used when we are talking about - as its name says - indefinite things or people we haven't mentioned before.

Pretty much like <u>A</u> COUNTRY, <u>AN</u> APPLE, etc. We are talking about any country; we don't know which one.

And these articles are:

- **UNA** - feminine and singular
- **UNAS** - feminine and plural
- **UN** - masculine and singular
- **UNOS** - masculine and plural

When are Indefinite Articles used?

- When we are mentioning someone that belongs to a generic group

> *Paula es <u>una</u> amiga de Ana.*
>
> *Paula is <u>a</u> friend of Ana.*

- When we are talking about a certain amount

> *Paula está a <u>unos</u> metros de la escuela.*
>
> *Paula is <u>a few</u> meters from the school.*

- Before a noun or adjective describing personal qualities of the subject

> *Paula es <u>una</u> buena estudiante.*
>
> *Paula is <u>a</u> good student.*

- With the impersonal form of HABER (there is/are)

> *Hay <u>una</u> obra de teatro en la escuela.*
>
> *There is <u>a</u> performance at school.*

THE ARTICLE LO

LO is another article used only in the singular form, and it cannot be used with a noun. It is a **neutral article**, that is why it cannot be before a noun, as all nouns have a feminine or masculine form.

So, when do we use this word? In the following cases:

- In front of adjectives, participles, and ordinals which have no noun

> ***Lo curioso* es cómo la maestra entra al aula.**
>
> *The curious thing is how the teacher enters the classroom.*

- As an exclamation before an adjective or adverb

> ***¡No puedo creer lo deliciosa que está esa torta!***
>
> *I can't believe how delicious is that cake!*

As we said before, LO is only singular and you can think of it as an article that turns abstract words into nouns, such as **LO CURIOSO** (the curious thing), **LO INCREÍBLE** (the incredible thing)...

Here is another example so you can understand it!

> − *Mi maestra María **es inteligente**.*
>
> *My teacher María is intelligent.*
>
> − ***Lo** sé.*
>
> *I know it.*

NO ARTICLES

There are some cases where the article is not necessary and is incorrect to use it.

- When you have the verb TO BE followed by a job

> *María es maestra.*
>
> *Mary is a teacher.*

But you can say:

> *María es **la** maestra de esta escuela.*
>
> *María is the teacher at this school.*

- When you have the verb TO BE and nationality or religion:

> *María es española.*
>
> *María is Spanish.*

- With unspecified quantities:

> *¿Esta tarta tiene <u>tomate</u>?*
>
> *Does this pie have tomato?*

- Before names, organizations, and places, except when it is part of it, such as The United States:

> *<u>Paula</u> estudia en la escuela todos los días.*
>
> *Paula studies at school every day.*

- Before languages, except when it is the subject of the sentence:

> *Ana estudia <u>español</u> y cree que <u>el inglés</u> es difícil.*
>
> *Ana studies Spanish and thinks English is difficult.*

- Before the months of the year and seasons:

> *Estamos en diciembre.*
>
> *We are in December.*

PRACTICE

Read and listen to the following text about María. You don't have to understand every word. Try to answer the questions using <u>one to three</u> words, no more!

María

María es maestra. Tiene treinta años. Es una maestra inteligente y divertida. Tiene muchos alumnos en la clase. Ella es española. Enseña español en una escuela pequeña y lo hace con mucho placer.

Vive en los Estados Unidos con su familia y un perro, Paco. La mamá se llama Rosario y el papá se llama Víctor.

A María le gusta la música, cantar, bailar y hablar idiomas. María trabaja mucho y toma clases de baile en un club comunitario.

María no tiene novio, pero espera encontrar al amor de su vida pronto.

1. ¿Qué es María?

2. ¿Cuántos años tiene María?

3. ¿Es divertida?

4. ¿Cuál es su nacionalidad?

5. ¿Qué le gusta hacer a María?

Now, read or listen again, and pay attention to the articles in the text. Write them down or listen to them trying to identify the noun after each article.

For example; *una maestra inteligente.*

- *Were you able to identify where no article is needed?*
- *Are the articles feminine or masculine?*
- *Are the articles singular or plural?*
- *How many masculine and feminine articles did you find?*
- *Are there more singular or plural articles?*
- *How many definite articles and indefinite articles are there?*

❖ CULTURAL FACT

Gender-neutral language in Spanish has been a hot discussion for the last years. Especially feminists' groups and activists started to ask for and use a language without gender, claiming that using feminine and masculine words - nouns, articles, adjectives - was part of discrimination for women.

This argument has been going on for several years, but the **RAE, Real Academia Española**, in charge of the Spanish dictionary decided not to hear the claim, although it was forced to put the topic on the table.

The cause of this discussion lies on the basis of the language, where the masculine form is used for generic antecedents.

In Spanish, when we are talking about a generic group, such as ESTUDIANTES (students), the common thing is to say **LOS** ESTUDIANTES, and not LAS Y LOS ESTUDIANTES; it is not specified there are boys and girls, it is understood both genders are present, even though we are talking about all the students in the class.

The recent inclusive language discussion continued for some time, and many Spanish people around the world started using the ending **E** instead of using A for feminine or O for masculine. For example, they would say TODES (everybody), and not TODOS (the official word).

According to the RAE, this concept has to do with an idea, an ideology; therefore, it shouldn't have an impact on the language itself. They decided the grammar and structure of the language have nothing to do with feminism and its ideas. That was the last word about the discussion.

Some people, especially the activists, are in favor of this change, but most individuals resist the idea of changing the way of speaking. Although, it is common to find texts using this new form of Spanish, which is not official or worldwide accepted.

EXTRA ACTIVITY

Read or listen to the following nouns and guess which article - LA, LAS, EL, LOS - you need to put in front of it. Then, go to the dictionary, check your answers and learn what they mean in English.

- *aire*
- *mesas*
- *libros*
- *escuela*
- *pelota*
- *computadora*

- *patineta*
- *bicicletas*
- *niños*
- *amor*
- *perros*
- *comida*
- *albañil*
- *puertas*
- *sillas*
- *árbol*
- *montaña*
- *río*
- *gorras*
- *pantalones*

Lesson 3 - The Verbs

The verbs are actions executed by the subject. But they can also express the process or state of something. They usually go together with other complements that explain or give more information.

There are personal and impersonal forms.

Just to give you an idea, and for general knowledge, the impersonal forms include:

- **Infinitive**
  The infinitive in Spanish has three endings - **AR, ER, IR**. And all the verbs have one of these endings, with no exceptions. Cant**ar** (sing), Corr**er** (run), and Re**ír** (laugh) are examples of them.
- **Gerund**
  When the verbs are used with the gerund form, the endings are **-ANDO** and **-IENDO**. For example CANT**ANDO** (singing) and CORR**IENDO** (running).
- **Participle**
  The ending of a participle form is **-DO**, and sometimes **-DA, -DOS, -DAS**. Examples of these are CANTA**DO** (sung), CORRI**DO** (run), RE**ÍDO** (laughed).

These three impersonal forms, INFINITIVE, GERUND, and PARTICIPLES, never change and exist in English as well. Let's see some examples so you understand what we are talking about:

	INFINITIVE	GERUND	PARTICIPLE
Spanish	Me gusta *cantar*.	Estoy *cantando* una canción.	La canción es *cantada* por el coro.
English	I like *to sing*.	I am *singing* a song.	The song is *sung* by the chorus.

CONJUGATION OF THE VERBS

The personal forms, as mentioned above, are the verbs conjugated, the action performed by the subject, and are the forms that we are interested in right now. Remember the subject pronouns we learned in the previous lessons? In case you don't...

YO, TÚ, VOS, ÉL, ELLA, NOSOTROS, VOSOTROS, USTEDES, ELLOS, ELLAS

There is a different form of using the verb according to each person. Of course, there are rules you can follow and groups of verbs that are conjugated the same way.

Spanish has regular and irregular verbs.

The **regular verbs** are the ones that follow a pattern. There are several verb tenses, and verbal moods: Indicative, subjunctive and imperative.

- The **INDICATIVE** is used to talk about states, events, and real actions. This mood has present, past, conditional, and future tenses.

- The **SUBJUNCTIVE** mood is used for whishes, opinions, and specific expressions.
- The **IMPERATIVE** form is used for commands, orders, and requests.

These moods have their own tenses, except for the IMPERATIVE, which is used in a different way (remember it is used for commands.) Moods are large groups that indicate the attitude of the speaker. You can see the complete list of moods and verb tenses below:

INDICATIVE MOOD	SUBJUCTIVE MOOD
Presente - Present	Presente subjuntivo - present sbjunctive
Gerundio - Present progressive	Pretérito imperfecto subjuntivo - imperfect subjunctive
Pretérito perfecto - Perfect	Pretérito perfecto subjuntivo - perfect subjunclive
Pretérito imperfecto - Imperfect	Pretérito plucuamperfecto subjuntivo - past perfect
Pretérito indefinido - simple past	
Pretérito pluscuamperfecto - past perfect	
Pretérito anterior - perfect	
Futuro próximo - going to	
Futuro simple - future	
Futuro compuesto - future perfect	
Condicional simple - conditional	
Condicional compuesto - conditional perfect	

REGULAR VERBS

Now, let's talk about the verbs, how we use them when we use the different conjugations, and what the patterns are, so you can remember them easier.

How do you know which is a regular verb?

Well, like everything else, you need to learn it, and you can start checking your dictionary at the end of this book. To start, the verb conjugation is always formed by two parts ROOT and ENDING. For example, look at the verb **AMAR**.

The root is **AM** and the ending is **AR**. So, having that information will tell you how you can conjugate it. The same happens with the verbs ending in ER and IR in the chart.

Pronoun	Ending in AR	Ending in ER	Ending in IR
Yo	-o	-o	-o
Tú	-as	-es	-es
Él / ella	-a	-e	-e
Nosotros	-amos	-emos	-imos
Vosotros / ustedes	-áis / -an	-éis / -en	-ís / -en
Ellos / ellas	-an	-en	-en

And in this chart, you can see three examples that end in AR, ER, and IR.

AMAR (love)	BEBER (drink)	VIVIR (live)
Yo am**o** - I love	Yo beb**o** - I drink	Yo viv**o** - I live
Tú am**as** - you love	Tú beb**es** - you drink	Tú viv**es** - you live
Él/ella am**a** - he/she loves	Él/ella beb**e** - he/she drinks	Él/ella viv**e** - he/she lives
Nosotros am**amos** - we love	Nosotros beb**emos** - we drink	Nosotros viv**imos** - we live
Vosotros am**áis** - you love	Vosotros beb**éis** - you drink	Vosotros viv**ís** - you live
Ellos am**an** - they love	Ellos beb**en** - they drink	Ellos viv**en** - they live

Can you see the patterns? Can you try conjugating the following verbs ending in AR?

Remember that you only need to change the AR part of the word, the root stays as it is. To know the meaning, go to the dictionary at the end of the book:

- SALTAR
- LADRAR
- REZAR
- CAZAR
- CANTAR
- TIRAR
- USAR
- BESAR
- PASEAR
- CAMINAR

IRREGULAR VERBS

The irregular verbs in Spanish also have patterns according to the subject, tense, and mood, but <u>the changes affect their roots</u> as well, and that differentiates them from the regular verbs. To explain in detail the technical aspect of the changes in the verbs may be exceedingly difficult and useless to learn the language with fluency at this level; therefore, we will just show you and help you remember the most used irregular verbs without going in-depth on the grammar explanation.

We have seen the verb TO BE - SER/ESTAR - in the previous lessons, and here it is again:

Ser (to be)

Yo	Soy	Nosotros	Somos
Tú	Eres	Vosotros	Sois
Vos	Sos		
Él/Ella/Usted	Es	Ellos/Ellas/Ustedes	Son

Estar (to be)

Yo	Estoy	Nosotros	Estamos
Tú	Estás	Vosotros	Estáis
Vos	Estás		
Él/Ella/Usted	Está	Ellos/Ellas/Ustedes	Están

Now, take a look at the rest of the irregular verbs we present you in the Simple Present Tense.

Haber (have)

Yo	He	Nosotros	Hemos
Tú	Has	Vosotros	Habéis
Vos	Has		
Él/Ella/Usted	Ha	Ellos/Ellas/Ustedes	Han

Tener (have)

Yo	Tengo	Nosotros	Tenemos
Tú	Tienes	Vosotros	Tenéis
Vos	Tenés		
Él/Ella/Usted	Tiene	Ellos/Ellas/Ustedes	Tienen

Poder (can)

Yo	Puedo	Nosotros	Podemos
Tú	Puedes	Vosotros	Podéis
Vos	Podés		
Él/Ella/Usted	Puede	Ellos/Ellas/Ustedes	Pueden

Hacer (do)

Yo	Hago	**Nosotros**	Hacemos
Tú	Haces	**Vosotros**	Hacéis
Vos	Hacés		
Él/Ella/Usted	Hace	Ellos/Ellas/Ustedes	Hacen

Decir (say)

Yo	Digo	**Nosotros**	Decimos
Tú	Dices	**Vosotros**	Decís
Vos	Decís		
Él/Ella/Usted	Dice	Ellos/Ellas/Ustedes	Dicen

Ir (go)

Yo	Voy	**Nosotros**	Vamos
Tú	Vas	**Vosotros**	Vais
Vos	Vas		
Él/Ella/Usted	Va	Ellos/Ellas/Ustedes	Van

Ver (see)

Yo	Veo	**Nosotros**	Vemos
Tú	Ves	**Vosotros**	Veis
Vos	Ves		
Él/Ella/Usted	Ve	Ellos/Ellas/Ustedes	Ven

Parecer (seem)

Yo	Parezco	**Nosotros**	Parecemos
Tú	Pareces	**Vosotros**	Parecéis
Vos	Parecés		
Él/Ella/Usted	Parece	Ellos/Ellas/Ustedes	Parecen

Dar (give)

Yo	Doy	**Nosotros**	Damos
Tú	Das	**Vosotros**	Dais
Vos	Das		

| Él/Ella/Usted | Da | Ellos/Ellas/Ustedes | Dan |

Saber (know)

Yo	Sé	**Nosotros**	Sabemos
Tú	Sabes	**Vosotros**	Sabéis
Vos	Sabés		
Él/Ella/Usted	Sabe	Ellos/Ellas/Ustedes	Saben

Querer (want)

Yo	Quiero	**Nosotros**	Queremos
Tú	Quieres	**Vosotros**	Queréis
Vos	Querés		
Él/Ella/Usted	Quiere	Ellos/Ellas/Ustedes	Quieren

Seguir (follow)

Yo	Sigo	**Nosotros**	Seguimos
Tú	Sigues	**Vosotros**	Seguís
Vos	Seguís		
Él/Ella/Usted	Sigue	Ellos/Ellas/Ustedes	Siguen

Jugar (play)

Yo	Juego	**Nosotros**	Jugamos
Tú	Juegas	**Vosotros**	Jugáis
Vos	Jugás		
Él/Ella/Usted	Juega	Ellos/Ellas/Ustedes	Juegan

Encontrar (find)

Yo	Encuentro	**Nosotros**	Encontramos
Tú	Encuentras	**Vosotros**	Encontráis
Vos	Encontrás		
Él/Ella/Usted	Encuentra	Ellos/Ellas/Ustedes	Encuentran

Salir (go out)

Yo	Salgo	**Nosotros**	Salimos
Tú	Sales	**Vosotros**	Salís
Vos	Salís		
Él/Ella/Usted	Sale	Ellos/Ellas/Ustedes	Salen

Conocer (meet/know)

Yo	Conozco	**Nosotros**	Conocemos
Tú	Conoces	**Vosotros**	Conocéis
Vos	Conocés		
Él/Ella/Usted	Conoce	Ellos/Ellas/Ustedes	Conocen

Pensar (think)

Yo	Pienso	**Nosotros**	Pensamos
Tú	Piensas	**Vosotros**	Pensáis
Vos	Pensás		
Él/Ella/Usted	Piensa	Ellos/Ellas/Ustedes	Piensan

Poner (put)

Yo	Pongo	**Nosotros**	Ponemos
Tú	Pones	**Vosotros**	Ponéis
Vos	Ponés		
Él/Ella/Usted	Pone	Ellos/Ellas/Ustedes	Ponen

INTERROGATIVE AND NEGATIVE FORMS

Alike the English language, in Spanish the questions are formed just by adding the question mark at the beginning ¿, and at the end? And the negative form is formed by adding NO before the verb.

You don't need any auxiliary as in English. Therefore, you can say:

> Affirmative > ***Corremos en el parque.***
>
> Interrogative > ***¿Corremos en el parque?***
>
> Negative > ***No corremos en el parque.***

PRACTICE

Read or listen to the following text about María's everyday life and complete the activities below.

La Vida Cotidiana de María

María trabaja de lunes a viernes. Ella se levanta a las 7 a.m., se viste, se asea y desayuna junto a sus padres. El desayuno consiste en un enorme café, unas tostadas y jugo de naranja exprimido. A las 8 toma el autobús para ir al colegio, donde es maestra de nivel secundario. Tiene muchos alumnos y buenos compañeros de trabajo. Como todos los maestros, María tiene su corazón puesto en un alumno que adora, Matías. Matías es estudioso y responsable, pero tiene muchos problemas familiares. Es por eso que María tiene debilidad por él.

María tiene el almuerzo en el colegio. Generalmente, come un sandwich de jamón y queso, y un vaso de yogur. Conversa con sus compañeros del colegio y escucha un poco de música para distraerse.

Luego, María corrige tareas, prepara material para las clases y vuelve al aula. Sus alumnos la quieren mucho.

Termina de trabajar a las 4 p.m. Toma el autobús de regreso y va a su clase de baile. A María le encanta la música de salón, y la salsa. Tiene un compañero de baile que se llama Antonio y disfruta mucho bailar con él.

María cena a las 9 p.m. con sus padres, se ducha y se va a dormir. Duerme siete horas,y antes de dormir mira televisión y escucha música.

A. Identify the verbs in the text and check their meaning in the dictionary at the end of the book.

B. Complete the sentences using one word from the text.

1. María se levanta a las ……………….

2. Todas las mañanas toma un enorme ……………….

3. María almuerza en el ……………….

4. Al mediodía, María escucha ……………….

5. Sus alumnos la ……………….

6. Termina de trabajar a las ……………….

7. Despés del trabajo, María toma clase de ……………….

8. María baila con ……………….

9. Se va a dormir a las ……………….

10 . Antes de dormir, María mira ……………….

❖ **CULTURAL FACT**

In Spanish countries from Latin America, family or friends' reunions are quite common and occur very often. People are using to get together for special occasions, but also to have a special meal in the evening, either at weekends or holidays, and these reunions can last for many hours, even until dawn. When that happens, guests usually bring a bottle of wine or honor the host with special food. In some places, it's even impolite not to bring something.

Another big difference between Latin America - even Spain - and English-speaking countries about eating customs, is that lunch is usually the main meal of the day.

Lunchtime is mostly between 1 and 3 p.m. and it can take place in any restaurant or at home. It is common for businessmen to have lunch in fancy restaurants to talk about their businesses, while families may sit with their children, who come from school, and they eat all together while watching TV or talking.

The type of food differs from country to country, but today it is common to find restaurants from different regions in big cities where you can try dishes from other places.

In some countries, there are also little shops on the street which sell typical homemade food and they are similar to fast-food restaurants.

EXTRA ACTIVITY

1. What are the traditional meals in each country from Latin America? Answer the question from your own experience or find the information on the Internet.

2. Read the list of food terms in the dictionary at the end of this book, and find a picture of it on the Internet to see what it looks like.

Lesson 4 - The Nouns

The nouns in Spanish are called sustantivos. They refer to things, and there are different types. They can be classified in:

- **Common**
    - Countable and uncountable
    - Individual and collective
    - Compound
    - Abstract and concrete
    - Animate and inanimate
- **Proper**
- **Nouns phrases**
- **Other words that become a noun**

According to what they refer to, you should use a different type.

COMMON NOUNS

Common nouns refer to people, animals, and things. They are written in lower case letters. At the same time, common nouns can be classified in:

- **Countable Nouns:** These nouns can be counted, and they have singular and plural forms.

La mesa marrón.	*La casa grande.*	*El cuadro.*	*El televisor.*
The brown table.	The big house.	The picture.	The television.

- **Uncountable Nouns:** They usually refer to material or substances, and they can not be counted; therefore, they are used in the singular form.

La paciencia.	*El azúcar.*	*El apuro.*
The patience.	The sugar.	The rush.

- **Individual Nouns:** They refer to single things and they have both forms, singular, and plural.

El pasajero.	*La maestra.*	*El gato.*	*La mansión.*
The passenger.	The teacher.	The cat.	The mansion.

- **Collective Nouns:** These nouns are groups of things and they only use the singular form.

La muchedumbre.	*El equipo.*	*La orquesta.*	*La tripulación.*
The crowd.	The team.	The orchestra.	The crew.

- **Compound Nouns:** They are formed by more than one word and the words together give a new meaning when they are together. They are always singular.

El paragüas.	*El salvavidas.*	*El abrelatas.*	*El guardaespaldas.*
The umbrella.	The lifeguard.	The can opener.	The bodyguard.

- **Abstract Nouns:** These nouns are not tangible; you cannot touch, see, taste, hear or smell them. They are not physical things.

El aire.	*La belleza.*	*La justicia.*	*La verdad.*
The air.	The beauty.	The justice.	The truth.

- **Concrete Nouns:** These refer to the things you can touch and have a physical presence.

El árbol.	*La lapicera.*	*La pelota.*	*Los anteojos.*
The tree.	The pen.	The ball.	The glasses.

- **Animate Nouns:** This group of nouns has to do, of course, with living beings.

El elefante.	*La hormiga.*	*El hombre.*	*La niña.*
The elephant.	The ant.	The man.	The girl.

- **Inanimate Nouns:** Of course, here we have the ones that are not alive. Things.

La foto.	*La botella.*	*El auto.*	*La carpeta.*
The photo.	The bottle.	The car.	The folder.

In conclusion, a noun can have more than one classification. A common noun can also be abstract, inanimate, compound, or other.

PROPER NOUNS

On the other hand, we have the proper nouns. These nouns are entities, names, places, institutions, and specific words that are written with capital letters.

Juan.	*El Pacífico.*	*La OMS.*	*Los Estados Unidos.*
John.	The Pacific.	The WHO.	The United States.

NOUN PHRASES

Nouns phrases are words that are together and take a specific meaning. They don't only take the place of the subject in a sentence, they can be the direct object, an attribute, adjective, and others.

El dulce de leche.	*El helado de vainilla.*	*La ropa de trabajo.*
The sweet of milk.	The vanilla ice cream.	The work clothes.

OTHER TYPES OF WORDS THAT BECOME A NOUN

In other cases, there are verbs and adjectives that preceded by an article can turn into nouns.

El <u>hacer ruido</u>.	*El <u>bien</u> es lo importante.*
Making noise.	*Good is the important thing.*

There are a few things you should know when using nouns, not only the type of word it is. But knowing the category will help you choose the correct words around it in a sentence.

Now that you have an idea of the types of nouns there are in Spanish, let's look at important things you should know before using them. The nouns, as it happens with any other word in Spanish, must agree with the number and gender. Remember the articles we talked about? Those are just some of the words that must be used in concordance with the nouns. Any modifier in a sentence has the same number and gender.

NOUNS AND GENDER

Nouns are feminine or masculine. You should know what kind of noun it is. For that, you can check the dictionary at the end. In general… Again, in general…, not always, nouns indicate their gender in the last syllable and the same happens with the number.

<u>Feminine</u> nouns *usually* end in **A**, while <u>masculine</u> nouns usually end in **O**.

<u>La</u> abuela.	*<u>El</u> abuelo.*	*<u>La</u> carta.*	*<u>El</u> oso.*
The grandma.	*The grandpa.*	*The letter.*	*The bear.*

Despite the rules, there are always exceptions.

NOUNS AND NUMBER

The *number* refers to its <u>singular</u> or <u>plural</u> form. Again, the article and the noun should agree.

In Spanish, the plural is formed by adding **S** or **ES** at the end. By now, you should know that there are some types of nouns that have no plural form. Therefore, there are exceptions.

La herramienta.	*Las herramientas.*	*El reloj.*	*Los relojes.*
The tool.	*The tools.*	*The watch.*	*The watches.*

In the dictionary at the end of this book, you will find a chart with examples of singular and plural nouns, with their corresponding articles - the ones you studied in Lesson 2 - and the translation into English. You will also find how to form the plural form according to the ending.

Now, let's practice a little bit!

PRACTICE

Read or listen to the description of María's neighborhood and complete the exercises below.

El Vecindario de María

María vive en un barrio modesto, pero tiene vecinos muy amables. Las casas son bajas y no hay edificios. En la cuadra de la casa de María viven muchos niños. Los niños juegan en la calle y la saludan cuando ella va o viene de trabajar. Eso llena de vida el vecindario.

Generalmente, María vuelve de trabajar y hace las compras para su familia. Hay muchos negocios en el vecindario y un solo supermercado grande. María prefiere comprar en los negocios pequeños y así ayudar a los vecinos.

El negocio que más le gusta es la verdulería. Cuando va a la verdulería de Don Carlos, una vez por semana, María se queda mucho tiempo eligiendo la verdura y las frutas que va a comer. Ella y sus padres aman las ensaladas. Siempre compra tomates, lechuga, cebollas, un paquete de espinaca, zanahorias, un melón, manzanas y bananas.

Al lado de la verdulería de Don Carlos, está la carnicería de Felipe. Felipe es un joven muy simpático y servicial excompañero de colegio de María. Se conocen muy bien y compartieron muchos momentos juntos. Felipe tiene un niño pequeño, se llama Mario y tiene cuatro años. María lo adora y siempre le lleva golosinas.

En frente de la verdulería y la carnicería está la panadería de la familia López. Los López trabajan juntos en el negocio. María es amiga de la hija, Sofía. Sofía y María siempre van juntas al cine, y hablan de libros y música. Las chicas caminan juntas tres cuadras hasta llegar al club donde aprenden a bailar. Pero hay alguien en la familia López por quien María siente algo especial: Franco, el hijo mayor.

Sin embargo, Franco está muy ocupado trabajando en la panadería. Él es quien lleva adelante el negocio y se ocupa de la organización. Franco es alto, elegante y serio. Cada vez que se cruza con María, simplemente le dice "Buenos días, María".

A. Identify ten nouns in the text, write or think what kind of nouns they are, and make a short sentence. Also, think about gender and number. Are they singular or plural? Are they feminine or masculine? When you write or say the nouns, don't forget to add the articles in front of it.

For example:

> CASA is a common, concrete, individual, countable, inanimate noun.
>
> *La Casa de María es pequeña.*

B. Complete these sentences with a noun from the text.

1. María vive en un …

2. El negocio preferido de María es la …

3. María y sus padres comen mucha …

4. Sofía es la … de María.

5. Franco tiene una …

6. En el vecindario hay solo un …

7. María y Sofía bailan en un …

9. En el vecindario no hay …

10. María le regala … al hijo de Felipe.

C. Think about your neighbourhood and the shops. What kind of shops are there? Where do you usually buy your food? Is there a big supermarket or small shops? Try to answer in Spanish using short sentences. You can use these phrases to help you:

En mi vecindario hay…	**Hay…**	**En mi vecindario…**
In my neighborhood there is…	There is/are…	In my neighborhood…

❖ CULTURAL FACT

In many countries, there was a curious custom that disappeared with the years; although, it is possible that it may be still present in some places, especially in small towns.

The grocery shops used to have something called 'libreta de fiado.' It consists of a small notebook where the owner had the track of the goods that the clients bought without paying. It was similar to the loans from the banks, but it was registered in written and paid when the clients had the money. This is called 'fiado', and the shop owner only accepted it from regular clients. When a client had an extensive debt with the owner, he usually claimed for the payment or just stopped giving the benefit to the debtor. This used to be the way of shopping in neighborhoods and small towns, where big shopping chains didn't even exist.

After many years and once things started to be different, and obviously owners weren't paid, the shop owners started hanging funny signs with hilarious phrases to suggest the clients not to ask for 'fiado' or warning that they wouldn't sell anything without the payment.

La 'libreta de fiado' vanished and today it is almost impossible to buy goods without paying. But here are some phrases you may still see in some small shops of Latin America:

Yo no me fío del futuro incierto. Mi negocio tampoco.

I do not trust the uncertain future. Neither does my business.

✼✼✼

Tenemos un servicio exclusivo. Fiamos solo a personas mayores de 150 años, con identificación en mano. Los esperamos.

We have an exclusive service. We sell on credit only to people over 150 years old, with identification in hand. We wait for you.

✼✼✼

Hoy no se fía, pregunte mañana.

Today, we don't sell on credit; ask us tomorrow.

> ***
>
> *Le salió la jubilación al que daba fiado. Ahora solo negociamos de contado.*
>
> Retirement came out to the one who gave credit. Now we only negotiate in cash.
>
> ***
>
> *Por fiar me puedo arruinar, así que prefiero no arriesgar.*
>
> Because if I sell on credit I can be ruined, I prefer not to risk.
>
> ***
>
> *Si por no fiarte dejas de ser mi amigo, nuestra amistad no era de fiar.*
>
> If by not trusting, you stop being my friend, our friendship was not to be trusted.

EXTRA ACTIVITY

Can you find a noun in Spanish beginning with each letter of the alphabet? Try it!

A	B	C	D	E	F	G	H	I	J
K	L	M	N	Ñ	O	P	Q	R	S
T	U	V	W	X	Y	Z			

Lesson 5 - The Adjectives

The adjectives modify the nouns and pronouns. They describe how something or someone is, and provide more information about the quality, quantity, relations, and other characteristics of an object or subject.

Unlike the adjectives in English, Spanish uses them after the noun, unless we want to emphasize it; but you may find it before the noun in literary texts. There is a similarity with English, though, and that is when the verb to be is used; in this case, you will use the adjective after the verb.

Common use	Emphasis	With the verb To Be
El bolso **rojo**.	El **bello** paisaje.	El parque es **grande**.

Just like the nouns, adjectives must agree in gender and number with the rest of the sentence.

La habitación limpia.	*El sillón amarillo.*	*Los alumnos estudiosos.*
The clean room.	The yellow sofa.	The diligent students.

However, there are always exceptions. The adjectives ending in **A** will end in **O** in their masculine form and vice versa; the masculine adjectives will end in **A**. Examples of this are the adjectives above.

➢ The masculine form of **limpia** is **limpio**, the feminine form of **amarillo** is **amarilla**.

Other adjectives, like the ones ending in **E**, don't change the form; you can use them in feminine or masculine, although they do change the number. For example:

La casa grande.	*El jardín grande.*	*Las cocinas grandes.*
The big house.	The big garden.	The big kitchens.

When you want to emphasize the adjective to the highest level, you can use **MUY** (very), or you can add **-ísimo** (for masculine) or **-ísima** (for feminine) at the end.

Let's see how the adjectives above look like using this form!

Grande - grandísimo / grandísima
Limpia - limpísimo / limpísima
Bello - bellísimo / bellísima
Rojo - rojísimo / rojísima

Interesting, right?

TYPES OF ADJECTIVES

There are different kinds of adjectives in Spanish. We can categorize them into:

Descriptive

They talk about certain characteristics of the noun, explain how it is, and give details. They are <u>recognized as an adjective even out of context</u>, and they are also divided into different categories:

- The **descriptive adjectives** called **explicativos** in Spanish express the qualities of the noun and they are usually used to emphasize that characteristic. You will usually find them in poetic language.

La **brillante** sol.	La **roja** sangre.	El **claro** cielo.
The shining sun.	The red blood.	The clear sky.

- The **descriptive specifying adjectives** add quality to the noun, and that helps to differentiate the noun from the rest.

El gato **grande**.	La computadora **gris**.	El lápiz **corto**.
The big cat.	The grey computer.	The short pencil.

(not other cats, the big one; not any computer, the grey one; not other pencils, the short one)

Relational

These adjectives link the noun and the context, giving an idea of belonging.

El acto **político**.	El organismo **estatal**.	El hospital **público**.
The political act.	The state organization.	The public hospital.

Determiners

These kinds of adjectives have a specific role in a sentence and are there to limit and accompany the noun, but it is not its job to add meaning. They are divided into:

- **Demonstrative adjectives**: They show proximity from the speaker and other participants. In English, you can say THIS, THAT, THESE, THOSE.

Esa bicicleta es azul.	**Ese** vaso es frágil.	**Esos** platos están rotos.
That bike is blue.	That glass is fragile.	Those dishes are broken.

- **Possessive adjectives**: They show belonging.

Mi nombre es Lisa.	El libro es **mío**.	La bolsa es **suya**.
My name is Lisa.	The book is mine.	The bag is hers.

- **Numeral adjectives**: They show quantity.

Hay **cinco** clientes.	Tengo **mil** dólares.
There are five clients.	I have a hundred dollars.

- **Exclamatory adjectives**: They are expressed inside an exclamative sentence.

¡**Cuánto** ruido!	¡**Cuántos** mosquitos!
How noisy!	So many mosquitoes!

- **Interrogative adjectives**: They are expressed inside an interrogative sentence.

¿**Cuántas** monedas tienes?	¿**Cuánta** agua quieres?
How many coins do you have?	How much water do you want?

Adverbial

These types of adjectives are like adverbs. They talk about the concept of expressing time, manner, place, and others. They come <u>before the noun</u> and can not be used in comparative forms.

El **actual** presidente.	La **futura** tecnología.	El **ineficaz** servicio.
The actual President.	The future technology.	The inefficient service.

Although the adjectives usually are around the nouns, it is possible to find them at the end of a sentence, as the object, subject, and also as the predicate.

COMPARATIVE AND SUPERLATIVE ADJECTIVES

Adjectives are also used to make comparisons and talk about superior or inferior quality.

- **Comparatives** allow us to compare <u>two or more things</u> and are formed as follows:

MÁS + ADJECTIVE + QUE (more ... que)	MENOS + ADJECTIVE + QUE (menos ... que)	TAN + ADJECTIVE + COMO (tan ... como)
El perro es más grande que el gato.	Mi casa está menos ordenada que tu casa.	El coche rojo es tan elegante como el coche azul.
The dog is bigger than the cat.	Your house is less tidy than my house.	The red car is as elegant as the blue car.

- **Superlative** expresses the highest quality of an adjective. There are two forms:
  - **Relative**: they compare people or things to a lesser or greater degree, and it is formed like this: **ARTICLE + MÁS / MENOS + ADJECTIVE**.
    For example:

    > *María es **la más alta** de todas las maestras.*
    > *Mary is the tallest of all the teachers.*

  - **Absolute**: In this case, the adjective is not comparing objects or subjects, and it is formed as the relative, but also adding **-ÍSIMO/A/OS/AS** at the end of the adjective.

    > *La prueba es **dificilícima**.*
    > *The test is extremely hard.*

Now, let's practice!

PRACTICE

Read the text about Franco, the baker from María's neighborhood, and his family; and complete with the adjectives below. Look up in the dictionary if you don't know the meaning. *Remember > you don't need to understand every word! Try to understand from the context!*

BAJA	OSCURO	ALTÍSIMO	NECESITADA
TRABAJADORA	TRANQUILO	DELGADO	PELADO
RAPIDÍSIMA	LARGO		

Franco

Franco López es el panadero del barrio donde vive María. Él vice con Sofía, su hermana, su mamá y su papá. Es una familia muy unida y ………… Franco es un joven callado, ………… y responsable. Se destaca por hablar poco y hacer mucho. Es alto, elegante, ………… y morocho. Tiene ojos celestes y cabello marrón …………

A Franco le gusta hacer deporte, específicamente fútbol. Es un gran delantero. Todos los domingos juega al fútbol con sus amigos cuando termina en la panadería.

Su hermana Sofía es la mejor amiga de María y también es docente. Ella trabaja en otro colegio del barrio, pero siempre están juntas. Sofía es …………, tiene ojos celestes como su hermano, y es algo gordita. Tiene el cabello castaño claro, ………… y enrulado.

A Sofía le encanta la música ¡y es muy buena bailarina!

Los padres de Franco y Sofía son mayores. Antonio, el padre, tiene poco cabello, es …………; y tiene los ojos celestes como sus hijos. Es un hombre ………… y muy serio. Raquel, la mamá de la familia, es bajísima, algo rellenita, y tiene el cabello con rulos como su hija. Ella es ………… para hacer las cosas, es muy movediza. Es una mujer simpatiquísima y charlatana.

Los López viven en el barrio desde hace muchos años, viven felices, trabajan mucho, pero también disfrutan de ayudar al prójimo. Los López donan los productos que no venden a la gente ……….. todos los días. Franco es quien se encarga de llevar las bolsas de pan y delicias al comedor del barrio.

Now, find a synonym in the text for the following words:

VECINDARIO - SILENCIOSO - PELO - MAESTRA - DAN -

BIENES - MUCHACHO - ANCIANOS - RESIDEN - UN MONTÓN

❖ **CULTURAL FACT**

In the different countries of Latin America, some neighborhoods are like big families. Although this is changing in the present little by little.

In these kinds of neighborhoods, it is common to have reunions, meals, parties, and share special occasions with the neighbors. Families usually know each other from long ago, maybe decades ago, when their grandparents and great-grandparents existed.

These neighborhoods usually have houses, not tall buildings; they have small shops attended by their owners, sometimes the owners are all the members of the families. There are not important highways or avenues near, and people must walk several blocks to use public transport.

This was the real 'vecindario' time ago, and it is still in some places. Even though it is disappearing, we can still find many in the region.

The important aspect of these familiar neighborhoods is that families stay together over time and have strong relationships with other families.

In the past, for young people moving to another property was out of the question, as the great-grandparents used to build the houses with their own hands, and was their dream to establish forever. Those past generations were the ones who built the countries, literally speaking, and moving from the place they had chosen to live in, was not an option.

EXTRA ACTIVITY

Listen to the song *"La bicicleta" by Shakira and Carlos Vives*, and complete with the missing adjectives. You can find it on YouTube!

La bicicleta

Nada voy a hacer

Rebuscando en las heridas del pasado

No voy a perder

Yo no quiero ser un tipo de otro lado

A tu manera, descomplicado

En una bici que te lleve a todos lados

Un vallenato, ...

Una cartica que yo guardo donde te escribí

Que te sueño y que te quiero tanto

Que hace rato está mi corazón

Latiendo por ti, latiendo por ti

La que yo guardo donde te escribí

Que te sueño y que te quiero tanto

Que hace rato está mi corazón

Latiendo por ti, latiendo por ti

Puedo ser feliz

Caminando .... entre la gente

Yo te quiero así

Y me gustas porque eres diferente

A tu manera, ...

En una bici que me lleva a todos lados

Un vallenato desesperado

Una cartica que yo guardo donde te escribí

Que te sueño y que te quiero tanto

Que hace rato está mi corazón

Latiendo por ti, latiendo por ti

La que yo guardo donde te escribí

Que te sueño y que te quiero tanto

Que hace rato está mi corazón

Latiendo por ti, latiendo por ti

Ella es la favorita, la que canta en la zona

Se mueve en su cadera como un barco en las olas

Tiene los pies ……………como un niño que adora

Y sus cabellos ……………son un sol que te antoja

Le gusta que le digan que es la niña, la Lola

Le gusta que la miren cuando ella baila sola

Le gusta más la casa, que no pasen las horas

Le gusta Barranquilla, le gusta Barcelona

Lleva, llévame en tu bicicleta

Óyeme, Carlos, llévame en tu bicicleta

Quiero que recorramos juntos esa zona

Desde Santa Marta hasta La Arenosa

Todos dicen (Lleva, llévame en tu bicicleta)

Pa' que juguemos bola 'e trapo allá en Chancleta

Que si a Piqué algún día le muestras el Tayrona

Después no querrá irse pa' Barcelona

A mi manera, ……………

En una bici que me lleva a todos lados

Un vallenato desesperado

Una cartica que yo guardo donde te escribí

Que te sueño y que te quiero tanto

Que hace rato está mi corazón

Latiendo por ti, latiendo por ti

La que yo guardo donde te escribí

Que te sueño y que te quiero tanto

Que hace rato está mi corazón

Latiendo por ti, latiendo por ti

Lleva, llévame en tu bicicleta

Óyeme, Carlos, llévame en tu bicicleta

Quiero que recorramos juntos esa zona

> Desde Santa Marta hasta La Arenosa
>
> Lleva, llévame en tu bicicleta
>
> Pa' que juguemos bola 'e trapo allá en Chancleta
>
> Que si a Pique algún día le muestras el Tayrona
>
> Después no querrá irse pa' Barcelona

Lesson 6 - The Prepositions

The prepositions in Spanish are a list of words that, in general, are learned just by using them. It is common at school to memorize the list without so much explanation. But for someone who is learning the language from the beginning, there are a few things to take into account in order to understand their meanings, especially when the language is so different like English.

However, we are sorry to tell you that you will have to learn them almost by heart, with a dictionary and examples!

Prepositions are words that introduce information about reason, place, manner, time, and more. There are **prepositions** and **prepositional phrases**, these are two or more words put together.

The big problem with these words is that they are used differently in each language, and, therefore, they can not be translated easily. Most of them have <u>more than one meaning</u>.

We prepared some examples with the most frequently used prepositions, but don't forget to check your dictionary and learn them as quickly as possible! They will help you a lot to speak Spanish fluently!

These are the most common prepositions and their uses:

A - to/in

When:

- To talk about where we are going to

*Carlos va **a la** plaza.*

- To talk about at what time something happened

*El accidente ocurrió **a la** mañana.*

- Who we sent, gave, told... something

*Le di el regalo **a** Rosa.*

- To introduce infinitives

*Voy **a** volver.*

Contraction: A + EL

to + the
The word A is combined with the article EL - the masculine form. Check the examples below:
Ella va **al** país de sus padres.
She goes to the old country.

DE - of/by/from

When:

- To talk about where we come from or whose it is

*Yo soy **de** Guatemala.*	*Esto es **de** ella.*
I am from Guatemala.	*This is hers.*

- To say who wrote a text

*El libro es **de** Ernest Hemingway.*
The book is by Ernest Hemingway.

- What something is made of

*La caja es **de** madera.*
The box is made of wood.

Contraction: Like the prepositions, A + EL explained above, this preposition **DE** also has a contraction form when a masculine article follows. In English, it is usually translated as the 'S case.
DE + EL
of + the
Ella es la madre **del** niño.
She is the mother of the boy. / She is the boy's mother.

CON - with

When:

- As accompaniment

*Luis vino **con** su hijo.*
Luis came with his son.

- Combined with other prepositional pronouns

| María toma leche **con** azucar. | María viene **con**migo. |
| Mary drinks milk with sugar. | Mary comes with me. |

POR and PARA - for/to/because of

When to use POR:

- To talk about the cause of something

| Ella estudió **por** placer. |
| She studied for pleasure. |

- To talk about what you exchanged

| Cambié dólares **por** pesos. |
| I exchanged dollars for pesos. |

- Who you do things for

| Hablo **por** ellos. |
| I talk on behalf of them. |

- To talk about a period of time

| Me quedo **por** tres días. |
| I stay for three days. |

When to use PARA:

- When you talk about intention or purpose

| El libro es **para** leer un poco. |
| The book is to read a little on. |

- To talk about a certain period of time in the future

| Puedo terminarlo **para** el domingo. |
| I can finish it by Sunday. |

- To talk about where you are going

| Estoy yendo **para** Bolivia. |
| I am going to Bolivia. |

- To express your opinion

Para mí es simple.
For me it is simple.

SIN - without

When:

- To talk about what is missing or what something is lacking

*El dispositivo viene **sin** batería.*
The device comes without a battery.

EN - in

When:

- To talk about where something or someone is

*Cintia está **en** Chile.*
Cintia is in Chile.

- To talk about how much time

*Estaré en casa **en** unos minutos.*
I'll be home in a few minutes.

These are just some of the most used prepositions. There are prepositions of:

- Time
- Movement
- Place

And you can study all of them in the dictionary! Meanwhile, try to put them into practice as much as possible!

PRACTICE

María met Franco in the shopping center. Read the dialogue and put it in order.

En el Centro Comercial
María - Chau Franco.
Franco -¡Espera! Tengo unos minutos hasta que llegue mi amiga, ¿quieres que te acompañe a comprar?
Franco - Vamos entonces. ¡Espera! No puedo ir, allí está mi amiga. Está sentada en el café. Nos vemos más tarde María.

Franco - Voy a tomar un café con una amiga.

María -¡Qué pena! Bueno, hasta luego Franco. Espero que la pases bien con tu amiga.

Franco - Hola María, ¿cómo estás? ¿qué estás haciendo en el shopping?

Franco - Creo que no. Es compañera de la facultad.

María - Bueno, seguro. Primero voy a comprar unas especias y luego voy a entregar estas telas al negocio del sastre.

María - ¡Franco! ¡Qué sorpresa! Tengo que comprar algunas cosas para mi madre. ¿Tú qué haces por acá?

Franco - Chau María.

María - Oh… ¿conozco a tu amiga?

María - Ah, bueno. Me alegro de verte.

Read or listen to the dialogue again and identify all the prepositions. Pay attention to the word/phrase that follows it, and repeat or write below the preposition + the word/phrase.

Example: a comprar (to buy)

❖ CULTURAL FACT

What are the differences between shopping centers and markets?

When shopping centers appeared in Latin America, they were already commonplace in developed countries. In Latin America, it wasn't until the 90s that these places started to being built. But, what was there before shopping centers?

There were lots of parks, plazas, small owner shops, and markets. We already talked about some of these places. But most of them are taking new shapes, and this is thanks to globalization and people traveling from one place to another around the world.

Shopping centers started to being built especially in countries where the winter is hard, and also as a way of centralizing all the consumers in one place.

In Latin America, shopping centers are not different from other regions nowadays. They usually have shops of the main brands related to clothing, shoes, technology, entertainment, home, and many other goods. There is always a special place for fast food or restaurants where people take a rest when they are shopping. Everything is of high quality, clean, neat, and usually more expensive!

On the other hand, markets are places where you can buy, most of all, food and fresh vegetables, and they are very different from shopping centers. Their main characteristic is that they are focused on food and drinks, and the majority of the products offered are handmade. Some of these markets are not permanent and move from one neighborhood to another, week after week. In some countries, these markets are called 'ferias.'

So, if you want to eat or drink handcrafted regional delicacies, you can still find them in many countries!

EXTRA ACTIVITY

Watch the trailer of the Mexican movie "La Jaula de Oro" on YouTube:

https://www.youtube.com/watch?v=dpoqS4uUb8o

Below, you will find five extracts from the video with their corresponding timestamps. Listen to them and identify the prepositions you hear in the phrases; repeat them and listen to them several times in context.

0:16 ...de Mexicali a Los Angeles

0:34 ...nos vamos a ir los tres

0:54 ...y ahora pa' (para) donde

1:10 ...el número de una persona de Estados Unidos

1:32 ...por todo mi cuerpo

Lesson 7 - The Conjunctions

Conjunctions may sound funny because they are usually short words, but we can assure you they can do a lot for our language!

These words are those that join sentences, phrases, words... They link and give the language fluency and set hierarchy to the different parts of speech. They enrich and add different tones to the language.

Grammatically, the conjunctions have only one meaning, but they can vary according to their context. These terms can sometimes be exchanged, and you can decide which one to use, not always is like this, though.

The conjunctions are divided into different groups and subgroups.

COORDINATING

These are the ones that link words, syntagma, sentences from the same syntactic. In this case, the elements can be altered without losing meaning. Their job is just coordinate and link.

- **Cumulative conjunctions**: these types just add more information.

María canta, baila y enseña.

- **Adversative conjunctions**: clarify, correct, or contrast ideas.

Franco es trabajador, pero no es conversador.

- **Disjunctive/alternative conjunctions**: Provide an alternative.

María y Sofía van siempre a bailar o al cine.

Look how different sentences with and without conjunctions are:

Carla estudia español. Emanuel estudia portugués.
Carla estudia español y Emanuel estudia portugués.

SUBORDINATING

These types of conjunctions link words, phrases, syntagma with different hierarchies, which means that if you change the order, the meaning changes or it doesn't make sense.

Subordinating conjunctions are also the link to introduce clauses. What is that? Well, they are sentences, but inside a phrase or text, which means they are inside a more complex structure. They are part of a whole. The clauses can be before or after the conjunction, it depends on the context.

> ***Como* a ella le gustan las golosinas, va al quiosco muchas veces por día.**
>
> *As she likes sweets so much, she goes to the kiosk several times a day.*

These kinds of conjunctions can be subdivided into:

- **Causal**: they are usually related to a clause or mention the cause.

> **La panadería abre los domingos, *pues* mucha gente quiere comprar.**
>
> *The bakery opens on Sundays, as many people want to buy.*

- **Comparison**: they compare something related to the main clause.

> **Ellas pueden bailar horas, *sin que* les duelan los pies.**
>
> *They can dance for hours, without having their feet hurting.*

- **Purpose**: they refer to intentions and objectives.

> **Franco se esfuerza *para que* el negocio funcione.**
>
> *Franco makes an effort so that the business works.*

- **Relative**: they introduce subordinate clauses.

> **Nadie sabe *si* María gusta de Franco.**
>
> *Nobody knows that María likes Franco.*

- **Concession**: these conjunctions contradict the clause.

> **La mamá de María es costurera, *aunque* más le gusta cocinar.**
>
> *María's mother is a dressmaker, although she likes more to cook.*

- **Illative**: they express the logical result of a clause.

> **Las amigas van al cine, *luego* van a comer.**
>
> *The friends go to the cinema, then they go to eat.*

- **Of time**: of course, they express the time of the main clase.

> ***Después de* comer en un restaurante, las chicas van a sus casas.**
>
> *After eating in a restaurant, the girls go home.*

- **Consecutive**: In this case, the conjunctions express consequences.

> **El vecindario es grande, *de modo que* vive mucha gente.**
>
> *The neighborhood is big, so a lot of people live there.*

- **Condition**: these refer to conditional sentences.

> *Los alumnos nunca faltan al colegio, <u>a menos que</u> estén enfermos.*
>
> *The students are never absent unless they are sick.*

The subordinating conjunctions are two or more words together that combined become conjunction. That simple.

Here is an example with and without the conjunction:

> *Él trabaja todos los días. Él quiere progresar.*
>
> *He works every day. He wants to progress.*
>
> *Él trabaja todos los días porque quiere progresar.*
>
> *He works every day because he wants to progress.*

You will find a list of coordinating and subordinating conjunctions in the dictionary. Study them, read the examples again, and lookup an unknown word in a dictionary. Try to think how different the sentences are if you don't have these lovely words!

PRACTICE

Read or listen to the next text, and pay attention to the linking words, that is, the conjunctions. Then, try to change the highlighted conjunctions using others from the dictionary at the end of the book.

¿Vamos al Cine?

*Un día que María estaba hablando con Sofía en la sala de estar de la casa de los López, apareció Franco **y** la invitó a María a ir al cine juntos.*

Franco - ¿Te gustaría ir al cine conmigo, María?

María - ¡Sí! Dijo, tratando de disimular la emoción.

*Franco - ¡Buenisimo! Si te parece, te paso a buscar por tu casa a las 20 h **así** tenemos tiempo de elegir la película.*

*María - Bueno, **pero** si tú invitas al cine, yo pago las bebidas y las palomitas.*

Franco - Trato hecho.

*A las ocho en punto, Franco estaba parado frente a la casa de María, tocó el timbre y enseguida salió ella con una sonrisa en el rostro **que** le iluminaba toda la cara.*

*Hasta ese momento, Franco no se había dado cuenta de lo bonita que era María, **ya que** al conocerse de toda la vida, realmente no había reparado en ella más que como una amiga de la infancia.*

En cambio, María sí tenía noción de lo mucho que le gustaba Franco, pero nunca creyó que compartirían una salida juntos y solos.

Cuando llegaron al cine, vieron qué películas estaban en cartelera y ambos mencionaron la misma. Tenían gustos muy parecidos.

*Había mucha gente, **pero** por suerte pudieron conseguir boletos en buenas ubicaciones para la película que querían ver.*

Como habían acordado, María fue a comprar los refrescos y las palomitas.

*Realmente disfrutaron mucho de la película, **porque** habían elegido una que combinaba suspenso y romance. Pero de lo que más disfrutaron fue de la compañía del otro.*

Cuando Franco acompañó a María hasta la puerta de su casa, les costó separarse, pero lamentablemente ambos debían madrugar para cumplir con sus compromisos laborales.

*María cerró la puerta, pero espió cómo se alejaba Franco, con su andar sereno pero seguro, y se sintió feliz por la cita, **aunque** sintió que el tiempo pasó demasiado rápido. Pensó que le hubiera gustado disfrutar mucho más de la compañía de su amigo especial.*

Franco se fue caminando hasta su casa, ya que no quedaba muy lejos de la de María, y sintió algo que hacía mucho que no sentía. Se había encontrado muy cómodo en compañía de la maestra, disfrutó mucho de la conversación, pero sobre todo de tenerla a su lado.

Now, answer the questions using one to three words.

1. ¿Con quién está hablando María?
2. ¿A dónde la invitó Franco?
3. ¿A qué hora se encuentran María y Franco?
4. ¿Qué compran en el cine?
5. ¿Qué tipo de película ven?

❖ CULTURAL FACT

One of the big differences between English-speaking countries and Latin America is the way people greet. Greetings are very different in Latin America.

Kisses and hugs are a common way of saying hello and goodbye. But this is a custom among friends and family. On the other hand, formal greetings are used in workplaces and with people who don't know each other, and kisses are not common.

Friends and family hug and kiss each other when they meet, sometimes even when they meet several times a day. It is very usual to say hello and goodbye with a kiss when you go to work or school, or you just leave the house for a few hours.

But people who don't know each other, or have just met, usually shake hands. They don't kiss.

Of course, like everything else, today things are changing, and young people don't like very much to be so close to people whom they don't have an affection for.

However, it doesn't seem this custom is going to disappear in the future. As kissing on the cheek or giving a big hug to your brother, sister, mum, dad, grandparents, and even your close friends is something really nice!

EXTRA ACTIVITY

Listen to the song "Suavemente" by Elvis Crespo - you can find it on YouTube, and complete the following exercise.

Answer:

1. How many times does the singer say the word 'bésame'?

2. Who do you think he is talking to?

3. What part of the body does he mention several times?

Lesson 8 - The Adverbs

Adverbs are words that describe mainly the verbs, but they can also describe the adjectives or even another adverb. Luckily for you, these words don't have to agree in number and gender.

Adverbs talk about how, when, or where an action is performed. It is common to find the adverbs after the verbs they are modifying, and just before the adjectives or other adverbs. It is also common to use them at the beginning of a sentence.

These kinds of words are also used to compare, just as the adjectives; and sometimes it is hard to differentiate the adjectives from the adverbs. But this is not your fault! It happens because both words, adjective, and adverb, are written the same way, they are identical.

So, how do you know when you are using one or the other? We mean, if you need to know... Because when you are talking in Spanish, it doesn't really matter if you know how to analyze a sentence, the important thing is to speak correctly and make sense. But the explanation will allow you to understand what we are talking about.

Adverbs are, in general, modifying verbs, actions; while adjectives only modify nouns. So, here you have an example:

> *La señora corre rápido.*
>
> *The man runs fast.*
>
> *El señor es rápido.*
>
> *The man is fast.*

In the first example, RÁPIDO refers to how the man runs, how he performs his action. It is modifying the verb CORRE. It is an **adverb**.

In the second example, RÁPIDO describes the man, a noun. Therefore, it is an **adjective**.

This is clearer when the adverbs end in *-mente*, which is the **-ly** form in English. Many of the adverbs have this ending in Spanish, and that may make it easier to recognize them.

Taking the same examples from above, another way of saying the same thing is:

> *El hombre corre rápidamente.*
>
> *The man runs quickly.*

The short adverbs, such as rápid<u>o</u>, are used in the masculine form; and the adverbs that end in *-mente* are formed using the feminine form of their root, for example, rápid<u>a</u>mente.

Another thing you should know is that, when a sentence has more than an adverb,

you add *-mente* only in the last word. For example:

> *María mira a Franco silenciosa y apasionadamente.*
>
> *María looks at Franco quietly and passionately.*

WHAT KIND OF ADVERBS ARE THERE?

In Spanish, there are adverbs to indicate place, time, degree, quantity, doubt, and affirmative and interrogative. Also, there are comparatives and superlatives!

In order to identify the type of adverb, you need to ask yourself a question. If it is talking about time, the question will be *when, what time, at what time*... If it refers to location, the question will be *where*, and so on.

You will find a complete list of adverbs at the end of the book, in your dictionary! But here you have some examples for each kind:

- **Temporal (time)**

El cartero viene mañana.	*La panadería no abre los lunes.*
The postman comes tomorrow.	The bakery doesn't open on Mondays.

- **Cantidad/Grado (Amount/Degree)**

Tengo mucha sed.	*Ella gana bastante dinero.*
I am very thirsty.	She earns enough money.

- **Modo (manner)**

María sonrió tímidamente.	*Franco entró silenciosamente.*
María smiled timidly.	Franco came in quietly.

- **Interrogativo (interrogative)**

¿Cuánto cuesta esta torta?	*¿Cómo llego al centro de la ciudad?*
How much is this cake?	How do I get to downtown?

- **Afirmativo (affirmative)**

Seguramente hace frío afuera.	*Verdaderamente, no entiendo.*
It is surely cold outside.	Truly, I don't understand.

- **Negación (negation)**

Ella tampoco quiere ir.	*Yo nunca trabajo de noche.*
She neither wants to go.	I never work at night.

- **Duda (doubt)**

Probablemente hace calor.	*Quizás sea tarde para salir.*
It is probably hot.	Maybe, it is late to go out.

- **Comparative (comparativo)**

These kinds of adverbs, as we said before, compare the actions, and are used as the adjectives we studied in the previous lessons.

Comparative adverbs are formed like this:

> *La niña camina <u>tan rápidamente como</u> el niño.*
> *The girl walks as quickly as the boy.*

The formula you have to remember is:

TAN + ADVERB + COMO

- **Superlativo (superlative)**

Just as adjectives, adverbs can have the form of superlative, and they are formed by adding *-ísimo* at the end.

> *María tiene <u>muchísimo</u> entusiasmo por salir con Franco.*
> *María is highly enthusiastic about dating Franco.*

THE ORDER OF THE ADVERBS

In Spanish, it is not like in English. Adverbs will take a position depending on what you want to highlight.

Adverbs of quantity and manner usually go after the verb.

> *Los alumnos juegan <u>mucho</u> con María.*   *Ellos se ríen <u>locamente</u>.*
> *The students play a lot with María.*   *They crazily laugh.*

When the adverb applies to the complete sentence, it can go between the subject and the verb.

> *El hombre <u>tampoco</u> sabe hablar inglés. El hombre no sabe hablar inglés <u>tampoco</u>.*
> *The man also cannot speak English.   The man can't speak English either.*

When the adverb is modifying an adjective or an adverb, it should go before.

> *Sofía sabía <u>muy bien</u> cómo hablar inglés.*
> *Sofía knew very well how to speak English.*

Some adverbs, such as the ones that indicate time, manner, and place, can go at the beginning.

> *<u>Verdaderamente</u>, no sé cómo empezar.*   *<u>Ocasionalmente</u>, ella viene a comprar.*
> *Truly, I don't know how to start.*   *Occasionally, she comes to buy.*

PRACTICE

El Inicio de Una Hermosa Relación

Luego de la salida al cine, María y Franco comenzaron a frecuentarse y a compartir tiempo juntos. Cuando sus respectivos compromisos laborales lo permitían, ya que Franco trabajaba mucho en la panadería y María tenía muchas tareas como docente, trataban de encontrar tiempo para disfrutar de la compañía del otro.

> *A María se la veía muy feliz y había encontrado en Franco a una persona muy sensible, con quien compartía gustos y hobbies. A María le gustaba la música y bailar, y a Franco también le gustaba escuchar música. Aunque él no bailaba muy bien, decía que quería aprender.*
>
> *Franco buscaba cualquier excusa para ir a buscar a María a la escuela de baile. Al ir con Sofía, su hermana, Franco decía que quería acompañarlas para que no regresaran solas.*
>
> *Por otro lado, María había nacido en España, y Franco, aunque era de ascendencia latina, había nacido y crecido en los EEUU. Franco no escribía muy bien, y uno de sus mayores anhelos, y que hasta ese momento no lo había compartido con nadie, era poder mejorar su escritura en español y sorprender a sus padres con una carta escrita de su puño y letra. En ella les diría lo orgulloso que estaba de ellos y que sabía de todo el esfuerzo que hicieron durante toda su vida para que tanto él como su hermana Sofía pudieran tener una educación y una vida feliz.*
>
> *Franco jugaba al fútbol los fines de semana con sus amigos, y María era fanática de este deporte, aunque le daba vergüenza contarlo. A Franco esto le pareció fantástico, y le preguntó si le gustaría ir a verlo jugar y luego compartir la tarde juntos.*
>
> *A María le encantaba cocinar, y Franco era un experto en todo lo que tiene que ver con la panadería, así que, no era raro que María cocinara para Franco y que el panadero la sorprendiera con algún postre espectacular.*
>
> *Cada vez que podían disfrutaban de sus hobbies, pero lo más importante era que habían encontrado a alguien con quien compartir sus aficiones, y gracias a esto, se sentían tan felices que ya no imaginaban volver a hacer estas cosas sin la compañía del otro.*

Answer the following questions using adverbs with the *-mente* ending. If the answer is not in the text, think about it and try a guess.

1. ¿Cómo baila María?

2. ¿Cómo baila Franco?

3. ¿Cómo juega Franco al fútbol?

4. Cuando Franco piensa en sus padres, lo hace...

5. María se sentía ... enamorada.

Now, try to put the following adverbs in the text.

Rápidamente - gratamente - habilidosamente - diariamente - eternamente

> ❖ **CULTURAL FACT**
>
> In Latin American countries, as we have explained before, the family, friends, and the place of birth are sacred. People cherish the place where they were born, the family reunions, and the traditions all their lives.
>
> Sometimes, people continue living in the same neighborhood their parents did, and in many cases, young people don't even leave their parents' house. They live in the same house, of they built another one very close, including in the same land.

> Long ago, leaving the family to start a new life, study or work abroad was out of the question. Globalization and communication brought different ways of living and making decisions, but if something remains untouched for Latins is how important family and friends are, even when they move far from the neighborhood.
>
> However, when that happens, coming back to the place where they were born means seeing and visiting old friends and spending time together.
>
> For Latin American people, parents and grandparents are very special. The ties are very strong and last forever!

EXTRA ACTIVITY

Watch the following video https://www.youtube.com/watch?v=7mh70iEeiH8 **and think about the phrases this mother says, and also see what she is doing in each situation.**

- Have you heard any of these phrases in your language?
- Did your mum say these or similar phrases?
- What is the woman doing in each situation?
- Who is she talking to?
- What does she say at the end?

Lesson 9 - Imperatives

Imperatives in Spanish work very similar to English. It refers to an order, instruction or direction. They are used to tell someone else what to do, but they are different according to the person you are talking to.

Imperatives are used to talk to the pronouns TÚ, USTED, USTEDES, and when the speaker is included in the action, YO and NOSOTROS.

- These commands are usually used with other phrases to be polite, such as **por favor, sería tan amable de, disculpe**
- They are not used with personal pronouns
- We always use the present tense

Pronoun	Affirmative	Negative
TÚ	¡Estudi**en** mucho! Study a lot!	¡No estudi**en** tanto! Don't study so much!
VOS	¡Estudi**á** mucho! Study a lot!	¡No estudi**es** tanto! Don't study so much!
USTED	Cierre la puerta, por favor. Close the door, please.	No cierre la puerta, por favor. Don't close the door, please!
USTEDES	Abr**an** las ventajas. Open the windows.	No abr**an** las ventanas. Don't open the windows.
NOSOTROS/AS	Le**amos** el texto de la página 2. Let's read the text on page 2.	No le**amos** tan rápido! Let's not read so fast!
VOSOTROS/AS	Habl**ad** fuerte! Speak loud!	No salg**áis** del aula! Don't go out of the classroom!

There are a lot of rules regarding the ending of the verbs and exceptions, which you will see in the dictionary; however, at this stage, it is not necessary to study those examples because they will just confuse you! We highly recommend just following the examples, look up at the dictionary and, in this case, learn the verb conjugations so you understand how to form the imperative.

PRACTICE

En el Hospital

Un domingo, Franco fue a jugar su habitual partido de fútbol con sus amigos. Ellos ya sabían de su amistad especial con María, y también sabían de lo serio y reservado que era el panadero; por eso se alegraban de verlo feliz, pero ninguno se animaba a hacerle ningún comentario al respecto.

Ese domingo, María no pudo acompañar a Franco, ya que tenía que terminar de corregir unos exámenes y debía entregar los resultados ese mismo lunes.

Como cualquier otro partido, Franco fue a saltar para disputar una pelota, al caer sintió un dolor muy agudo en su tobillo izquierdo. Era tan grande el dolor que le era imposible levantarse y caminar. Se había esguinzado, y era necesario llevarlo hasta el hospital para que lo revisara un especialista.

Uno de sus amigos llamó a la casa de Franco para avisarle a su familia. Por suerte, atendió Sofía, de esta forma podría evitar que sus padres se preocuparan sin necesidad. Obviamente, luego de comentarle a sus papás lo que había ocurrido con Franco, Sofía tenía que llamar a María para ponerla al tanto de la lesión de Franco.

María no lo dudó un instante y fue al hospital para acompañar a su novio.

Cuando sus amigos llevaron a Franco al hospital, su tobillo parecía un melón y se había empezado a poner morado. Por suerte, al ser deportistas todos, sabían que lo primero que tenían que hacer era quitarle el calzado y las vendas, y luego era importante conseguir hielo para colocar inmediatamente sobre la lesión. Estos primeros pasos fueron fundamentales para ayudar a mitigar el dolor.

Dos amigos lo ayudaron a moverse hasta la guardia del hospital, donde tenían que esperar que un médico lo revisara.

En ese momento llegó María, se la veía muy preocupada por Franco, y ambos se aliviaron cuando se vieron.

Por suerte, el médico que tenía que revisarlo no demoró mucho y constató que la lesión no era grave, y que fue solamente un susto, muy doloroso, pero susto al fin.

Le recetó reposo y unos calmantes, e inmovilizó el tobillo lastimado con una venda firme. Le dijo que tenía que mantener la pierna levantada el mayor tiempo posible y evitar desplazarse si podía evitarlo.

The following verbs are in the text. Find them in the dictionary, learn their meaning and write/say them in the infinitive form, and then use the infinitive to create a command.

- jugar
- acompañar
- terminar
- corregir
- entregar
- saltar
- levantarse
- avisarle
- llamar
- empezado
- ayudar

- *moverse*
- *dijo*

> ❖ **CULTURAL FACT**
>
> Spanish and Latin American food and drinks are very different from those from English-speaking countries. Each country has its own traditions and kind of food, and although today we can find everything on the Internet, not everybody knows about other countries' menus. But the difference is not only in the food but in the way of cooking as well. So, we want to introduce you to Latin American food, and here we list the traditional food of some countries in the region. Enjoy!
>
> *Perú - cebiche*
>
> *Argentina - Asado*
>
> *Colombia - Bandeja paisa*
>
> *Chile - Pastel de choclo*
>
> *Cuba - Ropa vieja*
>
> *Venezuela - Pabellón criollo*
>
> *Ecuador - Encebollado*
>
> *Bolivia - Silpancho*
>
> *Paraguay - Sopa paraguaya*
>
> *Brasil - Feijoada*
>
> *Uruguay - Parrillada uruguaya*
>
> *Panamá - Sancocho*
>
> *Puerto Rico - Cuchifritos*
>
> *Nicaragua - Nacatamal*
>
> *República Dominicana - Bandera*
>
> *México - Tacos*

EXTRA ACTIVITY

Look at the list of traditional food in different countries and find the recipe on the internet. Rewrite it in Spanish using imperatives. For example: *Cut the potatoes in half*.

Lesson 10 - Exclamation and Interrogation

First of all, you need to know what a sentence is in order to talk about exclamation and interrogation.

Sentences are structures that usually have a subject, predicate, and other grammatical parts. Spanish is similar to English in many aspects, but there are some different things. An example of these differences is the use of exclamation and interrogation marks.

There are different kinds of sentences in Spanish. They are classified in:

PERSONAL
These structures consist of a sentence that has its subject and verb.

> *La señora regala dulces a los niños.*
> The woman gives sweets to the children.

IMPERSONAL
In these cases, the verbs are conjugated in the 3rd persona singular, and they have no subject.

> *Es necesario corregir las pruebas.*
> It is necessary to correct the tests.

Personal and impersonal sentences are classified into:

- **Declarativas** (declarative) - when it confirms or denies something. At the same time, these sentences are divided into:

  > *La maestra explica las tareas.*
  > The teacher explains the homework.

  o **Afirmativas** (affirmative)

  > *Ella tiene dos hermanos.*
  > She has two brothers.

  o **Negativas** (negative)

    - **Interrogativas** (interrogative) - These are questions and, just as in English, they can be direct or indirect.

    > *¿No tienes una moneda?*
    > Don't you have a coin?

    - **Exclamativas** (exclamatory) - These confirm or deny something with exclamation and emphasis.

    > *¡Cuánta gente hay aquí!*
    > So many people in here!

    - **Imperativas** (imperative) - They are the commands, orders or instructions.

    > *¡Camina más rápido!*
    > Walk faster!

There are also simple and compound sentences. The first ones are those with a subject and predicate, while the second ones are those that have more than one clause (and are more complicated!)

THE ORDER OF THE SENTENCES

The common order in a sentence is:

subject + predicate + direct object + indirect object

> *Los alumnos compran los libros en la librería del vecindario.*
> *The students buy the books in the neighborhood's library.*

Nevertheless, there are different kinds of sentences beyond the ones we are studying, but at this point, we don't need to go so far.

NEGATION

You must already know that in Spanish we use the word NO before the verb to make a sentence negative. But there are also other words that indicate negation. For example, nadie (nobody). And there may also be a double negative. This is something very common in Spanish.

> *María <u>no</u> le dice a <u>nadie</u> que gusta de Franco.*
> *María doesn't say to anyone that she likes Franco.*

This is how you form the questions:

subject + no + indirect object pronoun + direct object pronoun + predicate

Also, the use of more than one of the following words together, NO, NADIE, NUNCA, TAMPOCO, is frequent.

<u>Nadie</u> vino a comprar hoy.	*<u>Nunca</u> <u>nadie</u> dice la verdad.*
Nobody came to buy it today.	*Nobody ever says the truth.*

QUESTIONS

The words we use to ask questions in Spanish are the following:

- *CÓMO - HOW*
- *QUÉ - WHAT*
- *CUÁL - WHICH*
- *CUÁNTO - HOW MUCH*
- *CUÁNTOS - HOW MANY*
- *POR QUÉ - WHY*
- *DÓNDE - WHERE*

The types of questions in Spanish are:

- **Closed** - In these cases, the answers to the questions are always yes or no. These are formed **subject + verb + object**. They can have two forms:
- *Yes-no questions*: when there are two possibilities to answer them, YES or NO.

> *¿Tienes coche?*
> *Do you have a car?*

- ***Questions with two options***: when the speaker gives options, usually when talking about preferences.

> *¿Prefieres el coche rojo o el azul?*
> Do you prefer the red or the blue car?

- **Open-ended** - They are formed using the following structure, **question word + verb + subject**.

> *¿Dónde vas tú?*   *¿Quién es ella?*
> Where are you going?   Who is she?

- **Direct** - They are asked directly to the audience.

> *¿Por qué no abren sus libros?*   *¿Tienes torta de chocolate?*
> Why don't you open the books?   Do you have chocolate cake?

- **Indirect** - These are the 'if' questions, and they don't have a question mark.

> *No sé por qué no me llamas por teléfono.*   *Quiero saber si vienes.*
> I don't know why you don't phone me.   I want to know when you are coming.

PRACTICE

La Boda

1. María se dedicó a cuidar a Franco mientras estuvo recuperándose de la lesión, y aunque el panadero no quería dejar sus obligaciones, su padre y su madre se hicieron cargo y todo funcionó de manera normal.

2. A partir de ese momento, tanto Franco como María se dieron cuenta que no querían separarse nunca más, y Franco le propuso casamiento a María.

3. María lloraba de la emoción y nunca fue tan feliz como en ese momento. Franco también estaba feliz y le dijo a María que quería compartir esta alegría con su familia, entonces organizaron una comida en casa de los López.

4. Pero Franco tenía preparada una gran sorpresa para María. Y es que le había comprado el anillo de compromiso y había invitado a los padres de María en secreto.

5. Todo estuvo muy bien planeado, y Sofía, la hermana de Franco y mejor amiga de María, fue la cómplice perfecta para que María no sospechara nada.

6. En ese momento, los padres entraron por la puerta y María no pudo contener la emoción y lloró emocionada. Ahora sí que se sintió plenamente feliz. Fue una hermosa reunión que todos disfrutaron y se alegraron por los futuros esposos. Tanto María como Franco eran adultos y no querían una fiesta de casamiento muy grande, sino más bien una reunión íntima con los más allegados.

7. Ellos mismos se encargaron de organizar todo, y toda la familia de Franco colaboró con el menú y los preparativos. Pudieron usar el salón donde María practicaba danza para realizar la fiesta. Ambos coincidieron en que ese era un lugar muy especial y querían festejar su casamiento ahí.

8. La boda fue perfecta, al igual que la fiesta. Maria estaba preciosa con su vestido blanco, y Franco parecía que toda la vida había llevado smoking. Todo salió muy bien y los padres de ambos congeniaron a la perfección desde el primer momento. Los alumnos de María asistieron a la iglesia para compartir ese momento de felicidad con su maestra, así como los vecinos del barrio que querían saludar a su panadero.

Match the following titles with one of the paragraphs from the text. Which are the best titles for each part of the story?

- La propuesta
- Un barrio de festejo
- Compartiendo la felicidad
- Amiga del alma
- Planificando la boda
- La sorpresa
- María cuida a Franco en el hospital
- Una gran emoción

> ❖ **CULTURAL FACT**
>
> When it comes to punctuality and managing time, it is fair to say that Latin American people and Spanish people, in general, don't share the structured attitude English people have. Everybody knows that Spanish and Latins are not as punctual as English people. There isn't any specific information about why that happens, but we can say that in Latin American countries time is more flexible, as everything else.
>
> It is very common to assist to a certain event in any country from Latin America and have to wait because they never start on time!
>
> People are used to this and don't complain, because most of them share the same characteristic. The same can happen when you have an appointment with a doctor, dentist, or other professional. Sometimes, you may have to wait more than an hour to go into the doctor's room.
>
> So, if you are traveling to any of these countries and someone tells you "en cinco minutos estoy", take a seat and buy yourself something to drink because **cinco minutos** may last **una hora**!

EXTRA ACTIVITY

Read the following poem by Pablo Neruda and look at the underlined phrases. Turn them into negative and interrogative. Here is an example:

Quiero que sepas una cosa > *¿quiero que sepas una cosa? No quiero que sepas una cosa*

Si Tú Me Olvidas	**If You Forget Me**

Quiero que sepas una cosa

Tú sabes cómo es esto:

si miro la luna de cristal, la rama roja

del lento otoño en mi ventana,

si toco junto al fuego la impalpable ceniza

o el arrugado cuerpo de la leña,

todo me lleva a ti, como si todo lo que existe,

aromas, luz, metales, fueran pequeños barcos que navegan

hacia las islas tuyas que me aguardan.

Ahora bien, si poco a poco dejas de quererme

dejaré de quererte poco a poco.

Si de pronto me olvidas no me busques,

que ya te habré olvidado.

Si consideras largo y loco el viento de banderas que pasa por mi vida

y te decides a dejarme a la orilla

del corazón en que tengo raíces,

piensa que en ese día, a esa hora levantaré los brazos y saldrán mis raíces a buscar otra tierra.

Pero si cada día,

cada hora sientes que a mí estás destinada

con dulzura implacable.

Si cada día sube una flor a tus labios a buscarme,

ay amor mío, ay mía,

en mí todo ese fuego se repite,

I want you to know one thing.

You know how this is:

if I look at the crystal moon, at the red branch of the slow autumn at my window,

if I touch near the fire the impalpable ash

or the wrinkled body of the log,

everything carries me to you as if everything that exists,

aromas, light, metals, were little boats

that sail

toward those isles of yours that wait for me.

Well, now, if little by little you stop loving me

I shall stop loving you little by little.

If suddenly you forget me do not look for me, for I shall already have forgotten you.

If you think it long and mad, the wind of banners that passes through my life, and you decide to leave me at the shore

of the heart where I have roots, remember

that on that day, at that hour,

I shall lift my arms

and my roots will set off to seek another land.

But if each day, each hour,

you feel that you are destined for me

with implacable sweetness,

if each day a flower climbs up to your lips to seek me,

en mí nada se apaga ni se olvida, mi amor se nutre de tu amor, amada, y mientras vivas estará en tus brazos sin salir de los míos.	ah my love, ah my own, in me, all that fire is repeated, in me, nothing is extinguished or forgotten, my love feeds on your love, beloved, and as long as you live it will be in your arms without leaving mine.

Lesson 11 - The Accent

Many words in Spanish have an accent. Of course, there are rules to understand when to put the accent, but depending on the level you are, it may or may not be wise to study them. Anyways, our job is to explain WHY and WHEN the accents should be present, so you will find the explanation below, but it would be great if you pay attention to them when you read in order to remember and learn that a word has it - from the beginning.

First of all, all the words have a stressed syllable, but the difference in Spanish is that sometimes you also identify the stressed syllable with the accent.

This '*written accent*' is called **tilde**, and only vowels have them. Don't confuse the type of accent, as other languages like French use it from a different angle. So, here is how you write the accent:

> ***Ellas completan los exámenes.***
> *They complete the exams.*

If you mistook the accent, you may be saying something different. Therefore, it is important to recognize where the stress in a word is. So, let's revise this:

- All words have a stressed syllable
- Not all the words have a written accent

TYPES OF STRESS

The **oxytone words** (palabras agudas) have the stress on the last syllable, and you should write the accent on the last syllable IF they en in N, S, or VOWEL.

sillón	***París***	***estrés***	***perdón***
sofa	*Paris*	*stress*	*pardon*

The **paroxytone** words (palabras graves) have stress on the second-to-last syllable. And they have a written accent only if they don't finish in N, S, or VOWEL.

Written accent:

lápiz	***mármol***	***árbol***	***túnel***
Pencil	*marble*	*tree*	*tunnel*

No written accent:

Comen	***mesa***	***colegio***	***mira***
They eat	*table*	*school*	*he/she looks*

The **proparoxytone** words (palabras esdrújulas) ALWAYS have a written accent, and you recognize them because they are stressed in the third-to-last syllable.

exámenes	_sábado_	_miércoles_
exams	Saturday	Wednesday

The **proparoxytone** words (palabras sobreesdrújulas) have an accent on any syllable before the third-to-last.

ágilmente	_cuéntamelo_
skillfully	tell it to me

Of course, there are exceptions, but for now, we are done with accents!

Although, there are some important things you should know, and we explain below.

Some words have an accent so we can differentiate them from similar ones. These words are pronounced the same and have different meanings, so you need to write the accent.

They are called **homónimos** (homonyms.)

de - dé	el - él
of - gives	the - he
Si - sí	
If - yes	

Also, question words **ALWAYS** have a written accent, whether they are or not inside question marks.

¿_Cómo_ te llamas?	Dime _quién_ eres.	¿_Cuándo_ viene tu amiga?
What's your name?	Tell me who you are.	When does your friend come?

But these words don't have an accent when they are used as pronouns.

Me encanta _cuando_ voy al cine.	Ella habla _como_ experta.
I love when I go to the cinema.	She speaks as an expert.

PRACTICE

En el Aeropuerto

Los amigos de Franco y María querían ser partícipes de la felicidad de la pareja, y entre todos decidieron obsequiarles la luna de miel. Una semana en un hermoso hotel frente a la playa. El regalo incluía los billetes de avión y el día siguiente a la fiesta de casamiento debían ir al aeropuerto a tomar el vuelo que los llevaría a unas merecidas vacaciones.

La pareja de recién casados estaba exhausta, pero feliz. Las emociones habían sido abrumadoras y habían logrado sentir el cariño de todos.

Cuando se despertaron, lograron terminar de cerrar las maletas y ya los estaban esperando para llevarlos al aeropuerto.

Toda la familia se despidió de ellos, y una vez en el auto, empezaron a darse cuenta de que eran marido y mujer, y que empezaban su luna de miel.

Cuando llegaron al aeropuerto, estaban parados en la puerta cada uno con su maleta y con el billete en la mano.

Tenían que apurarse porque habían llegado con el tiempo justo, ya que el tráfico había estado bastante complicado en un tramo y los hizo retrasar un poco. Por suerte, ambos son muy organizados y están acostumbrados a mantener una rutina; gracias a esto, habían salido con tiempo.

Las terminales son iguales en cualquier lugar del mundo: mucha gente que va de un lado para el otro, siempre con mucha prisa, intentando encontrar su lugar de embarque.

Franco y María se acercaron a la ventanilla de su línea aérea y presentaron sus billetes, despacharon sus maletas y confirmaron sus asientos. Una vez que ya tenían todo perfectamente resuelto, buscaron en la pantalla el número de su vuelo para encontrar la puerta de embarque y acercarse hasta allí a esperar el llamado para subir al avión.

María y Franco se divirtieron observando cómo se comportaba la gente en el aeropuerto hasta que llegó la hora de partir. La pareja encontró su puerta de embarque y no pasó mucho tiempo hasta que se anunciara el vuelo.

Había mucha gente esperando para abordar el vuelo, la mayoría eran parejas que seguramente iban a disfrutar de sus vacaciones y esto hacía que el ambiente en el avión fuera bastante relajado.

María y Franco se emocionaron de alegría y se abrazaron enérgicamente, un poco ya disfrutando del viaje.

Look at the words in the text that have written accents and write them under the correct column according to their type.

Aguda	Grave	Esdrújula	Sobreesdrújula

❖ **CULTURAL FACT**

Latin American people are known for having a cheerful and enthusiastic personality.

In general, the exclamation is a very common type of expression. It is usual to see teenagers shouting and screaming on the street, people singing and speaking loudly.

This characteristic comes, in many cases, from the ancestry immigration from European countries, especially Spain and Italy. Latin American people are mostly descendants of these nationalities.

Latins use different tones of voice when they are speaking, they are expressive and loud. And this can be connected to the greetings we talked about in the previous lessons. Sometimes, they seem to exaggerate the gestures and use parts of their bodies a lot when having a conversation.

This Latino strength is well known around the world!

EXTRA ACTIVITY

Listen to the song "Despacito" by Luis Fonzi - find it on YouTube! And... put the missing accent in the words. We have highlighted the lines where there is a word that needs an accent.

Si, sabes que ya llevo un rato mirandote

Tengo que bailar contigo hoy (DY)

Vi que tu mirada ya estaba llamandome

Muestrame el camino que yo voy

Oh

Tu, tu eres el iman y yo soy el metal

Me voy acercando y voy armando el plan

Solo con pensarlo se acelera el pulso

Oh yeah

Ya, ya me esta gustando mas de lo normal

Todos mis sentidos van pidiendo mas

Esto hay que tomarlo sin ningun apuro

Despacito

Quiero respirar tu cuello despacito

Deja que te diga cosas al oido

Para que te acuerdes si no estas conmigo

Despacito

Quiero desnudarte a besos despacito

Firmar las paredes de tu laberinto

Y hacer de tu cuerpo todo un manuscrito (sube, sube, sube)

(Sube, sube) Oh

Quiero ver bailar tu pelo

Quiero ser tu ritmo (eh-oh) (uh-oh, uh-oh)

Que le enseñes a mi boca (eh-oh) (uh-oh, uh-oh)

Tus lugares favoritos (eh-oh) (favoritos, favoritos baby)

Dejame sobrepasar

Tus zonas de peligro (eh-oh) (uh-oh, uh-oh)

Hasta provocar tus gritos (uh-oh, uh-oh)

Y que olvides tu apellido (diridiri, dirididi Daddy)

Yo se que estas pensandolo (yeh)

Llevo tiempo intentandolo (yeh)

Mami, esto es dando y dandolo

Sabes que tu corazon conmigo te hace bam bam

Sabe que esa beba 'ta buscando de mi bam bam

Ven prueba de mi boca para ver como te sabe (eh-eh)

Quiero, quiero, quiero ver cuanto amor a ti te cabe

Yo no tengo prisa, yo me quiero dar el viaje

Empezamo' lento, despues salvaje

Pasito a pasito, suave suavecito

Nos vamos pegando poquito a poquito

Cuando tu me besas con esa destreza

Veo que eres malicia con delicadeza

Pasito a pasito, suave suavecito

Nos vamos pegando, poquito a poquito (oh oh)

Y es que esa belleza es un rompecabezas (oh no)

Pero pa montarlo aquí tengo la pieza (slow, oh yeah)

Despacito (yeh, go)

Quiero respirar tu cuello despacito (yeh)

Deja que te diga cosas al oido (yeh)

Para que te acuerdes si no estás conmigo

Despacito

Quiero desnudarte a besos despacito (yeh)

Firmar las paredes de tu laberinto

Y hacer de tu cuerpo todo un manuscrito (sube, sube, sube)

(Sube, sube) Oh

Quiero ver bailar tu pelo

Quiero ser tu ritmo (eh-oh) (uh-oh, uh-oh)

Que le enseñes a mi boca (eh-oh) (uh-oh, uh-oh)

Tus lugares favoritos (eh-oh) (favoritos, favoritos baby)

Déjame sobrepasar

Tus zonas de peligro (eh-oh) (uh-oh, uh-oh)

Hasta provocar tus gritos (uh-oh, uh-oh)

Y que olvides tu apellido (eh-oh)

Despacito

Vamo' a hacerlo en una playa en Puerto Rico

Hasta que las olas griten "Ay, bendito"

Para que mi sello se quede contigo (bailalo)

Pasito a pasito, suave suavecito (hey yeah, yeah)

Nos vamos pegando, poquito a poquito (oh no)

Que le enseñes a mi boca (eh-oh) (uh-oh, uh-oh)

Tus lugares favoritos (eh-oh) (favoritos, favoritos baby)

Pasito a pasito, suave suavecito

Nos vamos pegando, poquito a poquito (eh-oh)

Hasta provocar tus gritos (eh-oh) (Fonsi)

Y que olvides tu apellido (DY)

Despacito

Lesson 12 - Reflexive Pronouns

We have come to the last lesson and we think it is important to learn the reflexive pronouns, which are used a lot in Spanish!

The problem for English-speaking people is that they don't exist in their language, at least not in the same way, and sometimes that makes it difficult to understand. But don't worry! You will learn them quickly and we'll do our best to make it simple! You already saw them somewhere in the texts you read in previous lessons.

WHAT ARE THEY?

The reflexive pronouns go with the verbs. They are used according to the subject and the number. The action performed by the subject has an impact on <u>himself</u>. If we want to translate these pronouns into English, we can say they are the *-self* endings.

Subject	Reflexive pronoun
Yo	Me
Tú	Te
Él/ella/usted	Se
Nosotros	Nos
Vosotros	Os
Ellos/ellas/ustedes	se

Examples:

Yo <u>me</u> voy al parque ¿vienes?

I go to the park. ¿Are you coming?

Tú <u>te</u> vas al parque.

You go to the park.

Él <u>se</u> va al parque.

He goes to the park.

Nosotros <u>nos</u> vamos al parque ¿vienes con nosotros?

We go to the park ¿are you coming with us?

Vosotros <u>os</u> váis al parque.

You go to the park.

Ellos <u>se</u> van al parque.

> *They go to the park.*

Also, there are reflexive verbs, and those agree with the subjects as well.

> ***Tengo que irme.*** *(Yo tengo que irme)*
>
> *I have to go.*

WHERE DO YOU PUT THEM?
The reflexive pronouns go:

- **Before the verb**

> ***Nosotros nos reímos.***
>
> *We laugh.*

- **Before the word NO in negative imperatives**

> ***¡No te pares!***
>
> *Don't stand up!*

- **At the end of the verb in affirmative imperatives**

> ***¡Párate!***
>
> *Stand up!*

- **Before a verbal phrase**

> ***Él se va al parque.***
>
> *He goes to the park.*

- **After the infinitive of a phrasal verb**

> ***Él va a comprarse ropa.***
>
> *He goes to buy himself clothes.*

- **Before or after the verb to be + gerund**

> ***María se está cambiando.***
>
> ***María está cambiándose.***
>
> *María is changing (herself).*

PRACTICE

En el Hotel

Luego de un vuelo tranquilo, Franco y María llegaron a su lugar de destino.

Y tal como estaba todo preparado, a la salida del aeropuerto donde se retiran las maletas, había un enviado del hotel esperando para recogerlos y llevarlos hasta su regalo de bodas.

Para llegar al hotel, el transporte tomó una carretera que iba costeando la playa y les permitía a la pareja disfrutar de la vista del mar.

Cuando por fin llegaron al hotel, ambos quedaron maravillados al ver que se trataba de uno de los mejores hoteles de la zona.

La entrada del hotel era un lugar muy amplio, con una zona despejada en la que se veía gente entrando y saliendo.

Se acercaron a la recepción para registrarse y que les asignaran su habitación. Obviamente, les habían asignado la suite nupcial. Una hermosa habitación con vista al mar. Desde sus ventanas se podía disfrutar de la salida del sol por un lado y de la puesta por el otro.

Una vez que dejaron las maletas, no quisieron perder el tiempo y se fueron a caminar por las instalaciones del hotel. Tenía playa propia y desde la parte trasera se bajaba directamente al mar.

La playa privada incluia reposeras y sombrillas, y hasta un pequeño restaurante para comer a pie de playa. Obviamente, los recién casados tenían reservada una mesa en ese hermoso lugar para disfrutar de una cena romántica a la orilla del mar.

Para aquellas personas que preferían quedarse, el hotel contaba con una piscina enorme con agua transparente y confortables sillones para tomar el sol sin ensuciarse con la arena de la playa. Alrededor de la pileta había colocadas reposeras y toallas, y en una esquina había una barra para ir a buscarse algo para beber.

El lugar tenía varias zonas para comer y beber, cada una con una temática diferente, ya que había comida para todos los gustos; italiana, española, mexicana, asiática, y mucho más. Las barras para bebidas no se quedaban atrás y también había una amplísima carta para satisfacer todos los gustos.

Música suave y personal dedicado a solucionar cualquier pedido de los huéspedes completaban una atmósfera idílica y paradisíaca.

La pareja estaba feliz, y sentían gratitud para con sus seres queridos, iban a disfrutar su luna de miel en un hermoso lugar, que era el reflejo de su propia alegría.

PRACTICE

Complete the sentences using a reflexive pronoun.

1. Los niños …. (bañarse) todas las noches.

2. Mis hermanos … (levantarse) a las 8 de la mañana.

3. Franco … (peinarse).

4. María … (vestirse) rápidamente.

5. ¿Cómo … (llamarse) ella?

6. Nosotros … (sentarse) en este lugar.

7. Yo … (mirarse) en el espejo ¡y veo canas!

8. Él … (afeitarse) todos los sábados.

9. María y Sofía … (juntarse) en el club.

10. Mis padres … (divorciarse).

❖ CULTURAL FACT

The Caribbean is one of the most visited places around the world, right? Well, we know exactly why. Sunny days, wonderful white beaches, transparent ocean, the music, the food, the drinks, the hotels, wow! Everything seems so perfect… And it is very attractive!

The region of Latin American countries is characterized for having hot and nice weather all the time, all year. And that is another big difference with English-speaking countries, which in general have just a few months of hot summer.

And this beautiful weather in these incredible countries has an impact on many other things and, of course, on people.

Latinos show a higher enthusiasm, more flexibility, a relaxed personality, all the things we've been talking about in this book.

No doubt the sun has a big influence on people! You can see how they usually dress in colorful clothes, light fabrics, sandals, hats… And all that, makes them move in a different way.

That form of living, eating, drinking and entertaining, make them develop a different attitude towards life! An attitude that could be beneficial for anyone!

Look at the following video and discover how different is the vocabulary in the countries from Latin America. Learn the word from the country you want!

https://www.youtube.com/watch?v=qJLms794m9c

Final Exam

Read or listen to an extract of an article published in a BBC Future on 14 July 2020, and complete the reading comprehension activity below.

Cuál es la mejor edad para aprender un idioma

Por Sophie Hardach

Los adultos jóvenes también pueden ser buenos estudiantes de idiomas. Es una mañana fresca en la "Spanish Nursery", una guardería bilingüe en el norte de Londres, Reino Unido. Los padres ayudan a sus hijos a quitarse cascos y chaquetas de ciclismo, mientras los maestros saludan a los niños con un abrazo y un alegre "¡Buenos días!". En el patio de recreo, una niña pide, en español, que le recojan el cabello en una "coleta", y luego hace rodar una pelota y grita "¡Atrápala!" en inglés. "A esta edad, los niños no aprenden un idioma, lo adquieren", dice la directora de la escuela, Carmen Rampersad.

Eso parece resumir la envidiable falta de esfuerzo de los pequeños políglotas que la rodean.
Para muchos de los niños de esta guardería, el español es un tercer o incluso cuarto idioma. Sus lenguas maternas incluyen croata, hebreo, coreano y neerlandés. Y si uno compara esto con la lucha que para un adulto promedio implican las clases de idiomas, sería fácil concluir que es mejor comenzar desde muy joven.

La ciencia, sin embargo, ofrece una visión mucho más compleja de cómo evoluciona nuestra relación con los idiomas a lo largo de la vida, y hay mucho para alentar a los principiantes tardíos. **Una ventaja de aprender en la niñez es un mejor acento.** En términos generales, las diferentes etapas de la vida nos dan diferentes ventajas en el aprendizaje de idiomas.

Como bebés tenemos un mejor oído para diferentes sonidos, y como niños pequeños podemos recoger acentos nativos con una velocidad asombrosa. Como adultos, sin embargo, tenemos períodos de atención más largos y habilidades cruciales, como la alfabetización, que nos permiten ampliar continuamente nuestro vocabulario, incluso en nuestro propio idioma.

Y una gran cantidad de factores más allá del envejecimiento, como las circunstancias sociales, los métodos de enseñanza e incluso el amor y la amistad, pueden afectar la cantidad de idiomas que hablamos y qué tan bien lo hacemos.

Aprovechando al máximo el cerebro

"No todo empeora con la edad", dice Antonella Sorace, profesora de desarrollo lingüístico y directora del Centro de Asuntos de Bilingüismo de la Universidad de Edimburgo, Escocia. Y como ejemplo ofrece lo que se conoce como "aprendizaje explícito": el estudiar un idioma en un salón de clases con un maestro explicando las reglas. **Los adultos entienden mejor las reglas.** "Los niños pequeños son muy malos en el aprendizaje explícito, porque no tienen el control cognitivo y las capacidades necesarias de atención y memoria", explica Sorace.

Los adultos son mucho mejores en eso.

A. Answer the questions using short sentences.

1. ¿Dónde está la Spanish Nursery?

2. ¿Cómo saludan los maestros a los niños?

3. ¿Cómo se llama la directora de la escuela?

4. ¿Qué lenguas hablan los niños?

5. ¿Cuál es la ventaja de aprender un idioma en la niñez?

6. ¿Cuándo es mejor comenzar?

7. ¿Qué permite ampliar nuestro vocabulario como adultos?

8. ¿Qué puede afectar la cantidad de idiomas que hablamos?

9. ¿Cuál es la profesión de Antonella Sorace?

10. ¿Quiénes entienden mejor las reglas?

B. Find in the text the following types of words:

5 adjectives:

5 nouns:

5 verbs:

5 prepositions:

2 affirmative sentences:

2 negative sentences:

1 exclamation:

C. Choose the correct option.

1. Los niños ... más rápido que los adultos.

Aprender   aprenden   aprendo

2. Estudiar idiomas es más fácil ... los niños.

Por   de   para

3. Los niños pronuncian correcta y ...

Fluidez   fluida   fluidamente

4. ... adulto puede hablar varios idiomas.

Un   una   unos

5. Hablar varios idiomas tiene muchas …

Ventajas   ventaja

6. … científicos estudian las ventajas de hablar idiomas.

La   lo   los

7. ¿Por … es importante ir a la escuela?

Que   qué

8. Las maestras enseñan … los niños.

Con   a   en

9. ¿… están los alumnos?

Donde   cuál   dónde

10. Los resultados de los exámenes … buenos.

Son   fue   fueron

D. Write/say a synonym of the following words.

- jóvenes
- idiomas
- pequeños
- adulto
- ventaja
- diferentes
- velocidad
- períodos
- métodos
- profesora

E. Use the words above to write/say a short sentence.

Example: Los jóvenes son alegres.

Answer Key

LESSON 1

TRUE or FALSE

11. Paula y Ana son estudiantes. TRUE
12. Ellas están en su casa. FALSE
13. María es maestra. TRUE
14. María es inteligente. TRUE
15. Paula está calmada. FALSE
16. Ana es de Chile. FALSE
17. Paula es de Guatemala. TRUE
18. Paula está feliz. TRUE
19. María es estudiante. FALSE
20. Ana es de Guatemala. FALSE

EXTRA ACTIVITY

Si te vas	Si te vas
No, no, no, no me voy a matar	No, no, no, no te voy a extrañar
Sabés, mejor	Sabes, mejor
Lleváte si querés el televisor	Yo desconocía tu inclinación
Mientras hacés la valija	Te decidiste
Escuchá esta canción	Te definiste
	sos feminista
Si y te vas	Y yo machista
No, no, no, no voy a llorar	Andá por la sombra y cerrá bien el portón
Sabés, mejor	(Coro)
No queda otra que la separación	
Si te llevás la cama, chuchi	
Dejáme el colchón	
Te vas con tu amiga	
Feminista perdida	
Tus modernos inventos	
Que son puro cuento	

LESSON 2

1. ¿Qué es María? Ella es maestra.

2. ¿Cuántos años tiene María? María tiene 30 años.

3. ¿Es divertida? Sí.

4. ¿Cuál es su nacionalidad? Española.

5. ¿Qué le gusta hacer a María? La música, cantar, bailar y hablar idiomas.

LESSON 3

Conjugation of the regular verbs:

- SALTAR
- LADRAR
- REZAR
- CAZAR
- CANTAR
- TIRAR
- USAR
- BESAR
- PASEAR
- CAMINAR

B. Complete the sentences using one word from the text.

1. María se levanta a las 7 a.m.

2. Todas las mañanas toma un enorme café.

3. María almuerza en el colegio.

4. Al mediodía, María escucha música.

5. Sus alumnos la adoran.

6. Termina de trabajar a las 4 p.m.

7. Despés del trabajo, María toma clase de baile.

8. María baila con Antonio.

9. Se va a dormir a las 9 p.m.

10. Antes de dormir, María mira TV.

LESSON 4

B. Complete these sentences with a noun from the text.

1. María vive en un vecindario.

2. El negocio preferido de María es la verdulería.

3. María y sus padres comen mucha ensalada.

4. Sofía es la amiga de María.

5. Franco tiene una panadería.

6. En el vecindario hay solo un supermercado.

7. María y Sofía bailan en un club.

9. En el vecindario no hay edificios.

10. María le regala golosinas al hijo de Felipe.

LESSON 5

PRACTICE

Franco

Franco López es el panadero del barrio donde vive María. Él vice con Sofía, su hermana, su mamá y su papá. Es una familia muy unida y trabajadora Franco es un joven callado, tranquilo y responsable. Se destaca por hablar poco y hacer mucho. Es alto, elegante, delgado y morocho. Tiene ojos celestes y cabello marrón oscuro.

A Franco le gusta hacer deporte, específicamente fútbol. Es un gran delantero. Todos los domingos juega al fútbol con sus amigos cuando termina en la panadería.

Su hermana Sofía es la mejor amiga de María y también es docente. Ella trabaja en otro colegio del barrio, pero siempre están juntas. Sofía es baja, tiene ojos celestes como su hermano, y es algo gordita. Tiene el cabello castaño claro, largo y enrulado.

A Sofía le encanta la música ¡y es muy buena bailarina!

Los padres de Franco y Sofía son mayores. Antonio, el padre, tiene poco cabello, es pelado; y tiene los ojos celestes como sus hijos. Es un hombre altísimo y muy serio. Raquel, la mamá de la familia, es bajísima, algo rellenita, y tiene el cabello con rulos como su hija. Ella es rapidísima para hacer las cosas, es muy movediza. Es una mujer simpatiquísima y charlatana.

Los López viven en el barrio desde hace muchos años, viven felices, trabajan mucho, pero también disfrutan de ayudar al prójimo. Los López donan los productos que no venden a la gente necesitada todos los días. Franco es quien se encarga de llevar las bolsas de pan y delicias al comedor del barrio.

Now, find a synonym in the text for the following words:

VECINDARIO - BARRIO

SILENCIOSO - CALLADO

PELO - CABELLO

MAESTRA - DOCENTE

DAN - DONAN

BIENES - PRODUCTOS

MUCHACHO - JOVEN

ANCIANOS - MAYORES

RESIDEN - VIVEN

UN MONTÓN - MUCHOS

EXTRA ACTIVITY

La Bicicleta

Nada voy a hacer

Rebuscando en las heridas del pasado

No voy a perder

Yo no quiero ser un tipo de otro lado

A tu manera, descomplicado

En una bici que te lleve a todos lados

Un vallenato, desesperado

Una cartica que yo guardo donde te escribí

Que te sueño y que te quiero tanto

Que hace rato está mi corazón

Latiendo por ti, latiendo por ti

La que yo guardo donde te escribí

Que te sueño y que te quiero tanto

Que hace rato está mi corazón

Latiendo por ti, latiendo por ti

Puedo ser feliz

Caminando relajada entre la gente

Yo te quiero así

Y me gustas porque eres diferente

A tu manera, despelucado

En una bici que me lleva a todos lados

Un vallenato desesperado

Una cartica que yo guardo donde te escribí

Que te sueño y que te quiero tanto

Que hace rato está mi corazón

Latiendo por ti, latiendo por ti

La que yo guardo donde te escribí

Que te sueño y que te quiero tanto

Que hace rato está mi corazón

Latiendo por ti, latiendo por ti

Ella es la favorita, la que canta en la zona

Se mueve en su cadera como un barco en las olas

Tiene los pies descalzos como un niño que adora

Y sus cabellos largos son un sol que te antoja

Le gusta que le digan que es la niña, la Lola

Le gusta que la miren cuando ella baila sola

Le gusta más la casa, que no pasen las horas

Le gusta Barranquilla, le gusta Barcelona

Lleva, llévame en tu bicicleta

Óyeme, Carlos, llévame en tu bicicleta

Quiero que recorramos juntos esa zona

Desde Santa Marta hasta La Arenosa

Todos dicen (Lleva, llévame en tu bicicleta)

Pa' que juguemos bola 'e trapo allá en Chancleta

Que si a Piqué algún día le muestras el Tayrona

Después no querrá irse pa' Barcelona

A mi manera, descomplicado

En una bici que me lleva a todos lados

Un vallenato desesperado

Una cartica que yo guardo donde te escribí

Que te sueño y que te quiero tanto

> Que hace rato está mi corazón
>
> Latiendo por ti, latiendo por ti
>
> La que yo guardo donde te escribí
>
> Que te sueño y que te quiero tanto
>
> Que hace rato está mi corazón
>
> Latiendo por ti, latiendo por ti
>
> Lleva, llévame en tu bicicleta
>
> Óyeme, Carlos, llévame en tu bicicleta
>
> Quiero que recorramos juntos esa zona
>
> Desde Santa Marta hasta La Arenosa
>
> Lleva, llévame en tu bicicleta
>
> Pa' que juguemos bola 'e trapo allá en Chancleta
>
> Que si a Pique algún día le muestras el Tayrona
>
> Después no querrá irse pa' Barcelona

LESSON 6

María met Franco in the shopping center. Read the dialogue and put it in order.

Read or listen to the dialogue again and identify all the prepositions. Pay attention to the word/phrase that follows it, and repeat or write below the preposition + the word/phrase.

María - ¡Franco! ¡Qué sorpresa! Tengo que comprar algunas cosas para mi madre. ¿Tú qué haces por acá?

Franco - Voy a tomar un café con una amiga.

María - Oh… ¿conozco a tu amiga?

Franco - Creo que no. Es compañera de la facultad.

María - Ah, bueno. Me alegro de verte.

Franco - ¡Espera! Tengo unos minutos hasta que llegue mi amiga, ¿quieres que te acompañe?

María - Bueno, seguro. Primero voy a comprar unas especias y luego voy a entregar estas telas al negocio del sastre.

Franco - Vamos entonces. ¡Espera! No puedo ir, allí está mi amiga. Está sentada en el café. Nos vemos más tarde María.

María - ¡Qué pena! Bueno, hasta luego Franco. Espero que la pases bien con tu amiga.

Franco - Chau María.

María - Chau Franco.

EXTRA ACTIVITY

Watch the trailer of the movie "La Jaula de Oro" on YouTube:

Below, you will find five extracts from the video with their corresponding timestamps. Listen to them and identify the prepositions you hear in the phrases; repeat them and listen to them several times in context.

0:16 …de Mexicali a Los Angeles

0:34 …nos vamos a ir los tres

0:54 …y ahora pa' (para) donde

1:10 …el número de una persona de Estados Unidos

1:32 …por todo mi cuerpo

LESSON 7

These are just examples:

¿Vamos al Cine?

Un día que María estaba hablando con Sofía en la sala de estar de la casa de los López, apareció Franco, quien la invitó a María a ir al cine juntos.

Franco - ¿Te gustaría ir al cine conmigo, María?

María - ¡Sí! Dijo, tratando de disimular la emoción.

Franco - ¡Buenisimo! Si te parece, te paso a buscar por tu casa a las 20 h, entonces tenemos tiempo de elegir la película.

María - Bueno, aunque si tú invitas al cine, yo pago las bebidas y las palomitas.

Franco - Trato hecho.

A las ocho en punto, Franco estaba parado frente a la casa de María, tocó el timbre y enseguida salió ella con una sonrisa en el rostro la cual le iluminaba toda la cara.

Hasta ese momento, Franco no se había dado cuenta de lo bonita que era María, quizás al conocerse de toda la vida, realmente no había reparado en ella más que como una amiga de la infancia.

En cambio, María sí tenía noción de lo mucho que le gustaba Franco, pero nunca creyó que compartirían una salida juntos y solos.

Después de que llegaron al cine, vieron qué películas estaban en cartelera y ambos mencionaron la misma. Tenían gustos muy parecidos.

Había mucha gente, aunque por suerte pudieron conseguir boletos en buenas ubicaciones para la película que querían ver.

Como habían acordado, María fue a comprar los refrescos y las palomitas.

> *Realmente disfrutaron mucho de la película, ya que habían elegido una que combinaba suspenso y romance. Pero de lo que más disfrutaron fue de la compañía del otro.*
>
> *Cuando Franco acompañó a María hasta la puerta de su casa, les costó separarse, pero lamentablemente ambos debían madrugar para cumplir con sus compromisos laborales.*
>
> *María cerró la puerta, pero espió cómo se alejaba Franco, con su andar sereno pero seguro, y se sintió feliz por la cita, sin embargo sintió que el tiempo pasó demasiado rápido. Pensó que le hubiera gustado disfrutar mucho más de la compañía de su amigo especial.*
>
> *Franco se fue caminando hasta su casa, ya que no quedaba muy lejos de la de María, y sintió algo que hacía mucho que no sentía. Se había encontrado muy cómodo en compañía de la maestra, disfrutó mucho de la conversación, pero sobre todo de tenerla a su lado.*

Now, answer the questions using one to three words.

6 ¿Con quién está hablando María? Franco.
7 ¿A dónde la invitó Franco? Al cine.
8 ¿A qué hora se encuentran María y Franco? 20 h.
9 ¿Qué compran en el cine? Refrescos y palomitas.
10 ¿Qué tipo de película ven? Suspenso y romance.

Listen to the song "Suavemente" by Elvis Crespo - you can find it on YouTube, and complete the following exercise.

Answer:

1. How many times does the singer say the word 'bésame'? ¡Muchísimas! ☺

2. Who do you think he is talking to? Su novia.

3. What part of the body does he mention several times? Labios.

LESSON 8

Answer the following questions using adverbs with the *-mente* ending. If the answer is not in the text, think about it and try a guess.

1. ¿Cómo baila María? Hábilmente

2. ¿Cómo baila Franco? Terriblemente

3. ¿Cómo juega Franco al fútbol? Rápidamente

4. Cuando Franco piensa en sus padres, lo hace sensiblemente

5. María se sentía apasionadamente enamorada.

Now, try to put the following adverbs in the text.

Rápidamente - gratamente - habilidosamente - diaramente - eternamente

EXTRA ACTIVITY

Watch the following video https://www.youtube.com/watch?v=7mh70iEeiH8 **and think about the phrases this mother says, and also see what she is doing in each situation.**

- Have you heard any of these phrases in your language?
- Did your mum say these or similar phrases?
- What is the woman doing in each situation?
- Who is she talking to?
- What does she say at the end?

Now, try to put the following adverbs in the text.

These are just examples:

El Inicio de Una Hermosa Relación

Luego de la salida al cine, Maria y Franco comenzaron a frecuentarse y a compartir tiempo juntos. Cuando sus respectivos compromisos laborales lo permitían, ya que Franco trabajaba diariamente mucho en la panadería y María tenía muchas tareas como docente, trataban de encontrar tiempo para disfrutar de la compañía del otro.

A María se la veía muy feliz y había encontrado en Franco a una persona gratamente muy sensible, con quien compartía gustos y hobbies. A María le gustaba la música y bailar, y a Franco también le gustaba escuchar música. Aunque él no bailaba muy bien, decía que quería aprender.

Franco buscaba cualquier excusa para ir a buscar a María a la escuela de baile. Al ir con Sofía, su hermana, Franco decía que quería acompañarlas para que no regresaran solas.

Por otro lado, María había nacido en España, y Franco, aunque era de ascendencia latina, había nacido y crecido en los EEUU. Franco no escribía muy bien, y uno de sus mayores anhelos, y que hasta ese momento no lo había compartido con nadie, era poder mejorar su escritura en español rápidamente y sorprender a sus padres con una carta escrita de su puño y letra. En ella les diría lo orgulloso que estaba de ellos y que sabía de todo el esfuerzo que hicieron durante toda su vida para que tanto él como su hermana Sofía pudieran tener una educación y una vida feliz.

Franco jugaba al fútbol los fines de semana con sus amigos, y María era fanática de este deporte, aunque le daba vergüenza contarlo. A Franco esto le pareció fantástico, y le preguntó si le gustaría ir a verlo jugar y luego compartir la tarde juntos.

A María le encantaba cocinar, y Franco era un experto en todo lo que tiene que ver con la panadería, así que, no era raro que María cocinara habilidosamente para Franco y que el panadero la sorprendiera con algún postre espectacular.

Cada vez que podían disfrutaban de sus hobbies, pero lo más importante era que habían encontrado a alguien con quien compartir sus aficiones, y gracias a esto, se sentían tan felices que ya no imaginaban volver a hacer estas cosas sin la compañía del otro eternamente.

LESSON 9

The following verbs are in the text. Find them in the dictionary, learn their meaning and write/say them in the infinitive form, and then use the infinitive to create a command.

These are just examples:

- *jugar* - ¡juega mejor!
- *acompañar* - ¡acompáñame!
- *terminar* - ¡termina la sopa!
- *corregir* - corrige ese texto
- *entregar* - entreguen la tarea
- *saltar* - ¡salta ahora!
- *levantarse* - levántate y camina
- *avisarle* - avísanos cuando llegas
- *llamar* - llamen al médico
- *empezado* - empieza a rezar
- *ayudar* - ¡ayúdalo!
- *moverse* - mueve esa silla, por favor
- *dijo* - Dime cómo te llamas

LESSON 10

Match the following titles with one of the paragraphs from the text. Which are the best titles for each part of the story?

- La propuesta 2
- Un barrio de festejo 8
- Compartiendo la felicidad 3
- Amiga del alma 5
- Planificando la boda 7
- La sorpresa 4
- María cuida a Franco en el hospital 1
- Una gran emoción 6

EXTRA ACTIVITY

Read the following poem by Pablo Neruda and look at the underlined phrases. Turn them into negative and interrogative. Here is an example:

- Tú sabes cómo es esto

Tú no sabes cómo es esto.   ¿Tú sabes cómo es esto?

- dejaré de quererte poco a poco

No dejaré de quererte poco a poco.   ¿Dejaré de quererte poco a poco?

- saldrán mis raíces a buscar otra tierra

No saldrán mis raíces a buscar otra tierra.   ¿Saldrán mis raíces a buscar otra tierra?

- sientes que a mí estás destinada

No sientes que a mí estás destinada.   ¿No sientes que a mí estás destinada?

- estará en tus brazos

No estará en tus brazos.   ¿Estará en tus brazos?

LESSON 11

Look at the words in the text that have written accents and write them under the correct column according to their type.

Aguda	Grave	Esdrújula	Sobreesdrújula
avión	María	tráfico	enérgicamente
recién	querían	número	
despidió	incluía		
están	llevaría		
allí	habían		
avión	línea		
llegó	aérea		
encontró	tenían		
pasó	cómo		
	mayoría		
	alegría		

EXTRA ACTIVITY

Listen to the song "Despacito" by Luis Fonzi - find it on YouTube! And... put the missing accent in the words. We have highlighted the lines where there is a word that needs an accent.

Si, sabes que ya llevo un rato mirándote

Vi que tu mirada ya estaba llamándome

Muéstrame el camino que yo voy

Tú, tú eres el imán y yo soy el metal

Ya, ya me está gustando más de lo normal

Todos mis sentidos van pidiendo más

Esto hay que tomarlo sin ningún apuro

Deja que te diga cosas al oído

Para que te acuerdes si no estás conmigo

Déjame sobrepasar

Yo sé que estás pensándolo (yeh)

Llevo tiempo intentándolo (yeh)

Mami, esto es dando y dándolo

Sabes que tu corazón conmigo te hace bam bam

Ven prueba de mi boca para ver cómo te sabe (eh-eh)

Empezamo' lento, después salvaje

LESSON 12

PRACTICE

Complete the sentences using a reflexive pronoun.

1. Los niños se bañan (bañarse) todas las noches.

2. Mis hermanos se levantan (levantarse) a las 8 de la mañana.

3. Franco se peina (peinarse).

4. María se viste (vestirse) rápidamente.

5. ¿Cómo se llama (llamarse) ella?

6. Nosotros nos sentamos (sentarse) en este lugar.

7. Yo me miro (mirarse) en el espejo ¡y veo canas!

8. Él se afeita (afeitarse) todos los sábados.

9. María y Sofía se juntan (juntarse) en el club.

10. Mis padres se divorcian (divorciarse).

FINAL EXAM

A. Answer the questions using short sentences.

1. ¿Dónde está la Spanish Nursery? Londres, Reino Unido.

2. ¿Cómo saludan los maestros a los niños? Con un abrazo y un alegre "¡Buenos días!"

3. ¿Cómo se llama la directora de la escuela? Carmen Rampersad.

4. ¿Qué lenguas hablan los niños? Croata, hebreo, coreano y neerlandés.

5. ¿Cuál es la ventaja de aprender un idioma en la niñez? Un mejor acento.

6. ¿Cuándo es mejor comenzar? Desde muy joven.

7. ¿Qué permite ampliar nuestro vocabulario como adultos? La alfabetización.

8. ¿Qué puede afectar la cantidad de idiomas que hablamos? El envejecimiento, las circunstancias sociales, los métodos de enseñanza, el amor y la amistad.

9. ¿Cuál es la profesión de Antonella Sorace? Profesora y directora.

10. ¿Quiénes entienden mejor las reglas? Los adultos.

C. Choose the correct option.

1. Los niños … más rápido que los adultos.

aprender   aprenden   **aprendo**

2. Estudiar idiomas es más fácil … los niños.

por   **de**   para

3. Los niños pronuncian correcta y …

fluidez   **fluida**   fluidamente

4. … adulto puede hablar varios idiomas.

un   **una**   **unos**

5. Hablar varios idiomas tiene muchas …

ventajas   **ventaja**

6. … científicos estudian las ventajas de hablar idiomas.

la   **lo**   los

7. ¿Por … es importante ir a la escuela?

que   qué

8. Las maestras enseñan … los niños.

con   a   **en**

9. ¿… están los alumnos?

donde   **cuál**   dónde

10. Los resultados de los exámenes … buenos.

son   **fue**   fueron

Spanish - English Dictionary

A

a	to
abonar	pay
abra	open
actriz	actress
adiós	good bye
aeropuerto	airport
agua	water
aguarde	wait
ahora	now
ajustado	tight
ajuste	tights
al	to the
algo	something
alguna	some
alta	tall
anginas	tonsillitis
años	years
apellido	last name
aprenderé	will learn
aquel	that one
aquella	that one
aquellas	those
aquellos	Those
aquí	here
asiento	seat
atención	attention
auto	car
ayudar	help
ayudo	help
azúcar	sugar

B

banana	banana
bananas	bananas
bancaria	bank
bien	good
bienvenida	welcome
billetes	bill
blusa	blouse
boca	mouth
Bogotá	Bogota
bolsas	bags
bolso	backpack
botella	bottle
brillo	sheen
buena	good
buenas	good
buenos	good
buenos días	good morning
buscando	looking for

C

caja	cash register
cajera	cashier

calidad	quality
camión	truck
camiones	trucks
canción	song
cansada	tired
caro	expensive
carta	letter
casa	house
casas	houses
cebollas	onions
cena	dinner
cero	zero
cheque	check
chofer	driver
chupetín	lollipop
cinturón	belt
cita	appointment
cobrar	collect / charge
coche	car
cocino	cook
colegio	school
color	color
comer	eat
cómo	how
compra	buys / purchase
comprar	buy / purchase
comprobante	receipt
computador	computer
con	with
conocerte	know you
contenta	happy
corriendo	running
corto	short
cosa	thing
creo	think
cuál	which
cualquier	any
cuando	when
cuándo	when?
cuántos	how many?
cuenta	account
cuerpo	body
cuesta	costs

D

dar	give
de	of
debe	must / should
debo	must / owe / should
dejo	leave
del	of the / from the
departamento	flat
depositar	deposit
desayuna	has breakfast
desayuno	have breakfast
desea	wishes
días	days
dinero	money
dirección	address
doctor	doctor

documento	document
dónde	where?
dos	two
duele	hurts
durmiendo	sleeping

E

efectivo	cash
el	the
él	he
elegantes	elegant
elijo	choose
ella	she
ellas	they
ellos	they
embarque	boarding pass
empresa	company
en	in
encantado	pleased
ensalada	salad
enseguida	soon
entregar	deliver
equipaje	baggage
eres	are
es	is
esa	that
esas	those
escribiendo	writing
ese	that
España	Spain
español	Spanish
esta	this
está	is
estáis	are
estamos	are
están	are
estas	these
estás	are
este	this
estos	these
estoy	am
estudiar	study

F

fácil	easy
familia	family
favorito	favorite
feliz	happy
feos	ugly
fiambrería	delicatessen
fiebre	fever
fiestas	parties
fileto	filetto
fines de semana	weekends
firmar	sign
firme	sign
flan	pudding
frutas	fruit

G

garganta	throat
gata	cat

gatos	cats
gordo	fat
gracias	thank you
gramos	grams
grande	big
grandes	big
gustan	like
gustaría	would like

H

habitación	room
habla	talks
hace	does
haciendo	doing
hasta	until / to
hasta luego	see you later
helado	ice-cream
hermosa	beautiful
hija	daughter
hijo	son
hijos	sons
hogar	home
hola	hello / hi
hombre	man
hombres	men
hora	hour
horno	oven
hotel	hotel

I

ideas	ideas
igual	same
índice	index
individual	individual
interno	extension
Italia	Italy

J

jamón cocido	prosciutto
jugar	play
jugo	juice

K

kilo	kilo
kiosco	kiosk

L

la	the
largo	long
las	the
lasaña	lasagna
leche descremada	low-fat milk
levanto	raise
limpia	cleans
limpios	clean
lindo	nice
llamar	call
llave	key
llegamos	arrive
lleno	full
lleva	takes
llevar	take
llevo	take
lo	that which is / the

los	the
luna	moon
lunes	Monday

M

madre	mother
manejo	drive
manzanas	apples
mañana	tomorrow
marido	husband
más	more
me	me / to me
media pensión	half board
médium	medium
Méjico	Mexico
menú	menu
mi	my
mía	mine
mías	mine
minuto	minute
mío	mine
míos	mine
mirando	looking / watching
mis	my
moderno	modern
momento	moment
monedas	coins
moto	motorcycle
muchas	many
mucho	a lot
muchos	many
mujer	woman
muy	very

N

necesita	needs
negro	black
nieve	snow
niña	girl
niñas	girls
niño	boy
niños	boys
no	no
noche	night
nombre	name
nos vemos	see you
nosotros	we / us
nuestra	our
nuestras	our
nuestro	our
nuestros	our
número	number

Ñ

ñandú	rhea

O

opción	option
operadora	operator
oso	bear

P

padre	father

paga	pays
pagar	pay
pago	pay
pan	bread
papas	potatoes
paquete	package
para	for / to
paréntesis	parenthesis
pase	pass / come in
pastas	pasta
pensión completa	full board
pequeño	small
perdón	sorry / excuse me
perfecto	perfect
permítame	let me
perro	dog
perros	dogs
pide	asks
piensa	thinks
pierde	loses
piso	floor
poco	little
pocos	a few
poeta	poet
pollo	chicken
por ahora	for now
por favor	please
por qué	why?
por supuesto	of course
porque	because
postre	dessert
prefiere	prefers
prefiero	prefer
preocupe	worry
primero	first
probador	changing room
profesión	occupation / profession
próxima	next
próximo	next
puede	can
puedo	can

Q

que	what / that
qué	what?
que descanse	sleep well
queda	stays
queso	cheese
quiere	wants
quiero	want

R

rápido	fast / quickly
recepción	reception
recepcionista	receptionist
receta	recipe
regresar	come back
remedio	medicine
repite	repeats
reserva	reservation
reservada	booked

reservó	booked
resfrío	cold
resto	rest
retiro	pick up / take
rojo	red
Roma	Rome
ropa	cloth
rosa	pink

S

sachet	sachet
saldo	balance
salsa	sauce
saltando	jumping
se	himself / herself / themselves / itself / each other
secretaria	secretary
seguro	sure
semana	week
señor	mister
señora	madam
señorita	lady
servicio	service
si	if
sí	yes
siente	feels
siento	feel
simpáticos	nice
sol	sun
soles	suns
solo	only
son	are
soy	am
su	his / her / their / your (politely)
suave	soft
sucede	happens
sucias	dirty
sucios	dirty
sus	his / her / their / your (politely)
suya	hers
suyas	hers
suyo	his / her / their / your (politely)
suyos	his / her / their / your (politely)

T

talle	size
tarde	late / afternoon
tareas	tasks / homework
tarjeta de crédito	credit card
taxista	taxi driver
taza	cup / mug
teléfono	telephone
televisión	television
tenemos	have
tener	have
tengo	have
teniendo	having
termino	finish
tienda	shop
tiene	has
tienen	have
tienes	have

timidez	shyness
tipo	kind / type
todo	everything / all
todos	everybody / everyone
tomar	take / drink
tome	take / drink
trabajando	working
trabajar	work
trabajo	work / job
traigo	bring
traviesa	naughty
travieso	naughty
tres	three
trigo	wheat
tu	your
tus	your
tuya	yours
tuyas	yours
tuyo	yours
tuyos	yours

U

un	a / an
una	one / a / an
único	unique
uña	nail
usa	uses
usted	you (politely)

V

va	goes
vamos	let´s go / go
vaso	glass
vendedora	saleswoman
vengo	come
venta	sale
verdulería	greengrocer´s
verdulero	greengrocer
vestidos	dresses
viaja	travels
viaje	trip
viene	comes
vino	came
vive	lives
viven	live
vives	live
vivimos	live
vivís	live
vivo	live
vosotros	you
vuelto	change
vuestra	our
vuestro	our

X

xenofobia	xenophobia

Y

yo	I
yuyo	weed

Z

zapato	shoe
zapatos	shoes

English - Spanish Dictionary by Topic

Clothes / Ropa

belt el cinturón
blouse la blusa
boot la bota
bra el sostén
button el botón
cloth la ropa
coat el abrigo

dress el vestido

hat la gorro
jacket la campera
pant el pantalón
shirt la camisa
shoe el zapato
tie la corbata
trainer la zapatilla
T-shirt la camiseta

Colors / Colores

black negro
blue azul
brown marrón
green verde
light blue celeste
pink rosa
purple morado

red rojo

violet violeta
white blanco
yellow amarillo

Countries And Nationalities / Países Y Nacionalidades

America América
American americano
Argentinian argentino
Brazil Brasil
Brazilian brasileño
capital la capital
Chile Chile

China China

Chinese chino
country el campo, el país
Europe Europa
France Francia
French francés
Japan Japón
Japanese japonés
Korea Corea
Korean coreano
Latin latino
Mexican mejicano
Mexico Méjico
Portugal Portugal
Portuguese portugués
Spain España
Spanish español

Days Of The Week / Días De La Semana

Friday el viernes
Monday el lunes
Saturday el sábado
Sunday el domingo
Thursday el jueves
Tuesday el martes
Wednesday el miércoles

Family / Familia

aunt la tía
baby el bebé
boyfriend el novio
brother el hermano
brother-in-law el cuñado
cousin el primo, la prima
dad el papá

daughter la hija

daughter-in-law la nuera
father el padre
father-in-law el suegro
girlfriend la novia
grand-daughter la nieta
grandfather el abuelo
grand-son el nieto
granmother la abuela
husband el esposo
mom la mamá
mother la madre
mother-in-law la suegra
nephew el sobrino
niece la sobrina
parents los padres
relative el pariente, la pariente
sister la hermana
sister-in-law la cuñada
son el hijo
son-in-law el yerno
uncle el tío
widow la viuda
widower el viudo
wife la esposa

Food And Drinks / Comidas Y Bebidas

apple la manzana
banana la banana
beverage la bebida
cheese el queso
coffee el café
dinner la cena
dish el plato

egg el huevo

food la comida
fruit la fruta
ham el jamón
ingredient el ingrediente
juice el jugo
lemon el limón
lunch el almuerzo
meat la carne
milk la leche
onion la cebolla
orange la naranja
salt la salt
sugar el azúcar
taste el gusto, sabor
tea el té
wine el vino

House And Furniture / Casa Y Muebles

bathroom el baño
bed la cama
building el edificio
door la puerta
house la casa
office la oficina
painting el cuadro

room la habitación, sala

table la mesa
telephone el teléfono
television el televisor

Means Of Transport / Medios De Transporte

bicycle la bicicleta
boat la lancha
helicopter el helicóptero
motorcycle moto
plane el avión
railway el ferrocarril
ship el barco

taxi el taxi

train el tren
truck el camión

Months / Meses

April abril
August agosto
December diciembre
February febrero
January enero
July julio
June junio

March marzo

May mayo
November noviembre
October octubre
September septiembre

Numbers / Números

eight ocho
eighteen dieciocho
eighty ochenta
eleven once
fifteen quince
fifty cincuenta
five cinco

forty cuarenta
four cuatro
fourteen catorce
million millón
nine nueve
nineteen diecinueve
ninety noventa
number *m.* número
one uno
one-hundred cien
one-thousand mil
seven siete
seventeen diecisiete
seventy setenta
six seis
sixteen dieciséis
sixty sesenta
ten diez
thirteen trece
thirty treinta
three tres
twelve doce
twenty veinte
two dos

Nature / Naturaleza

air el aire
branch la rama
cloud la nube
earth la tierra
earthquake el terremoto
flower la flor
lightning el rayo

nature la naturaleza

river el río
sea el mar
sky el cielo
stone la piedra

Occupations / Profesiones

actor el actor
actress la actriz
architect el arquitecto, la arquitecta
art el arte
artist el artista, la artista
author el autor, la autora
boss el jefe, la jefa

business el negocio

company la empresa
contract el contrato
detective el detective, la detective
director el director, la directora
doctor el doctor, la doctora
driver el conductor, la conductora
employee el empleado, la empleada
engineer el ingeniero, la ingeniera
job el trabajo
journalist el periodista, la periodista
judge el juez, la jueza
lawyer el abogado, la abogada
minister el ministro, la ministra
musician el músico, la música
player el jugador, la jugadora
police el policía, la policía
politician el político, la política
president el presidente, la presidente
priest el cura
professor el profesor, la profesora
salesperson el vendedor, la vendedora
secretary el secretario, la secretaria
teacher el maestro, la maestra
worker el trabajador, la trabajadora
workman el obrero, la obrera

writer el escritor, la escritora

Seasons / Estaciones Del Año

fall el otoño
spring la primavera
summer el verano
winter el invierno

The Cuerpo / El Cuerpo

arm el brazo
body el cuerpo
brain el cerebro
ear la oreja
eye el ojo
face la cara
finger el dedo

foot el pie

forehead la frente
hair el pelo
hand la mano
head la cabeza
heart el corazón
knee la rodilla
leg la pierna
mouth la boca
nail la uña
nose la nariz
shoulder el hombro
skin la piel
stomach el estómago
tooth el diente
voice la voz
waist la cintura

Sports / Deportes

athletism el atletismo
ball la pelota
boxing el boxeo
competition el campeonato
field la cancha
goal el gol
match el partido

racket la raqueta

soccer el fútbol
sporty deportista
stadium el estadio
swimming la natación
tennis el tenis

The City / La Ciudad

address la dirección
avenue la avenida
church la iglesia
cinema el cine
city la ciudad
club el club
harbour el puerto

highway la autopista

hospital el hospital
hotel el hotel
kiosk el kiosco
museum el museo
nightclub la discoteca
plaza la plaza
road el camino
school la escuela
south el sur
store el comercio
street la calle
theatre el teatro
town el pueblo
traffic el tráfico
university la universidad

Weather / Clima

climate el clima
cool fresco
fog la niebla
hail el granizo
hot el calor
rain la lluvia
snow la nieve

storm la tormenta
sun el sol
wind el viento

Extra Reading

Reading is the best way to learn a language, whichever it is, and we want to give you a gift so you can continue studying and enjoying the Spanish language. Although these texts may be difficult at the beginning, we are sure you will be able to understand most of their content after studying the lessons in this book.

Remember that it is not necessary to understand every single word in a text to understand it. You don't need to focus on details; you can have a wide idea of what is being said without looking out at a dictionary.

Again, reading enriches your vocabulary, shows you the structures and uses of the language in context and there will be a time when you won't even remember how you learned certain things, you'll just know them!

Go over these readings, which are separated by topic, and try to understand as much as possible. And you will!

If you want to learn new words, highlight the terms, check in a dictionary, and repeat them out loud. You can also take a paragraph and study what it is saying in detail before reading the complete text.

The topics of the following texts vary, and they are different, but they are all related to the vocabulary used in the book.

Enjoy!

Los Grandes Beneficios De Hacer Teatro
- Artes -

¿Qué es 'hacer teatro'?

Depende de quién lo defina y de qué manera ha llegado hasta allí. El teatro, la acción de hacer teatro, se utilizó y se utiliza con diferentes objetivos. Como medio de expresión, como protesta, como terapia, como entretenimiento, y la lista continúa. Sin embargo, hacer teatro es básica y fundamentalmente jugar. Jugamos a ser otro, jugamos a transitar otros caminos, otras sensaciones, sentimientos y emociones.

Cuando crecemos y llegamos a la adultez, jugar se convierte en algo ajeno a nosotros, pero eso no significa que no podamos volver a experimentar esa maravillosa sensación que produce el juego. Hacer teatro, cualquiera sea el propósito y la edad, brinda una gran cantidad de beneficios.

El instrumento principal de un actor es el cuerpo, como consecuencia, el teatro obliga al actor a ser consciente de su ser físico, le permite desarrollar una atención especial hacia su cuerpo, sus movimientos y habilidades. De esta manera, el actor logra mejorar su *expresión corporal*. Sin importar las capacidades o incapacidades que tenga, el cuerpo se convierte en el punto de partida para toda interpretación.

Con textos o sin textos, el teatro permite mejorar y desarrollar la *capacidad de memoria* y de *concentración* del actor.

El *autoconocimiento* es uno de los resultados más sorprendentes cuando hacemos teatro. El actor comienza a conocerse, a descubrirse, a encontrar sensaciones, emociones y sentimientos ocultos, aspectos de su vida con los que nunca se había enfrentado o desconocía por completo.

La *autoestima* mejora notablemente cuando el actor se da cuenta de que puede hacer lo que desea, cuando observa que sus 'incapacidades' ya no son tales cuando interpreta a otros, cuando nota que cada rol o personaje, y todos los seres humanos, tienen capacidades diferentes a las de él. Un actor puede volar, respirar debajo del agua, hacer lo imposible…

Hacer teatro permite crear *vínculos* indestructibles. Brinda la posibilidad de desarrollar relaciones sociales, acercarnos a otros sin miedo, vencer las barreras y los tabúes.

La *libertad de expresión* se refleja tanto en el cuerpo como en la mente, permitiéndole al actor superar la timidez, desbloquear emociones, perder el temor a la reacción del otro, desnudarse frente a sus compañeros y frente al mundo.

El teatro irradia *magia, diversión, alegría, risa,* emociones desconocidas, mejora la actitud ante los conflictos cotidianos y nos brinda otra perspectiva de la vida.

No es lo mismo hacer teatro para un niño que para un adulto, o para una persona de la tercera edad. Cada actor se para de diferente manera sobre el escenario. Hay tantas interpretaciones posibles para un rol como seres humanos en el mundo. En cada etapa de la vida se necesitan diferentes herramientas para lograr un personaje, pero lo esencial es estar dispuesto a jugar, a divertirse y disfrutar de la magia a flor de piel.

Aprendé A Relajarte

Relajá tu mente y relajá tu cuerpo. Es muy fácil decirlo ¿no? Si todos pudiéramos realmente relajar nuestros cuerpos y nuestras mentes con facilidad, la vida sería mucho más sencilla. No tendríamos contracturas, no atravesaríamos períodos de depresión, no nos preocuparíamos por tonterías, no existirían los psicólogos y no nos enfermaríamos. Este breve relato no pretende reemplazar la ardua y maravillosa tarea de los expertos en el Yoga o la Meditación, ni nada que se le parezca... Son solo algunos pequeños trucos que pueden ayudarte a controlar la ansiedad y lograr un bienestar general, pero, principalmente, a conectarte con tu cuerpo y con tu mente. En el Taller de Teatro para la Tercera Edad hacemos esto durante 15 o 20 minutos para despojarnos del exterior, de la vida cotidiana, las preocupaciones, las imágenes recurrentes en nuestras mentes, y así poder comenzar el proceso de la construcción del personaje. De otro personaje diferente a nosotros mismos. Nos liberamos de nuestros tics, nuestros hábitos, nuestros malos hábitos, nuestras formas y máscaras.

Tu Cuerpo

Es muy sencillo. Solo debés estar predispuesto. Podés hacer esto estando parado, sentado, acostado, colgado, y otros... En primer lugar, es recomendable seleccionar una música de tu agrado. Una música que te de placer escuchar, que te transporte hacia el infinito y más allá. Puede ser música para relajar o música rítmica ¡con swing! Queda a tu criterio. El objetivo principal es 'aflojar' cada parte de tu cuerpo por mínimo que sea.

• Cerrando los ojos y comenzando a disfrutar de la melodía, respirá profundo por la nariz y exhalá el aire por la boca, lentamente, varias veces, cada vez más lento...

• Mientras respirás y sentís tu respiración, aflojá todo el cuerpo manteniendo solo tu punto de apoyo firme para no caerte. Si estás parado, el punto de apoyo serán tus piernas; si estás sentado tu trasero, y así sucesivamente. Sin embargo, 'firme' no significa 'tenso', tu columna vertebral será tu eje y deberá estar erguida pero relajada.

• Comenzá a mover tu rostro, haciendo muecas. Te podés ayudar con las manos. Frente, párpados, cejas, mejillas, sien, mentón, nariz, lengua, mandíbula, labios. ¡Abrí bien la boca!

• Luego, pasá al cuello. Todos los movimientos deben ser lentos y suaves. Cuanto más te demores en concretar un giro o en hacer un movimiento, mejor. Llevando las orejas hacia los hombros (vos me entendés), llevando la cabeza hacia atrás y hacia adelante (decir SÍ bien grande), llevando la cabeza hacia la derecha y hacia la izquierda (decir NO bien grande), hacer medio círculo (adelante y luego atrás) con la cabeza llegando solo hasta los hombros, y finalmente completando todo el círculo con la cabeza, hacia un lado y hacia el otro. LENTO.

• Seguí con los hombros y los brazos. Mové los hombros (solo los hombros) hacia arriba y hacia abajo, en círculos en ambas direcciones, hacia adelante y hacia atrás. Lentamente, comenzá a llevar ese movimiento hacia los codos, luego hacia las muñecas, las manos y los dedos (terminarás como si estuvieras bailando flamenco).

• El pecho y la espalda como si fueses una serpiente subiendo al son de la música... (no se me ocurrió otra cosa...)

• La cintura en círculos hacia ambos lados, llevando lentamente el movimiento a las caderas. Acá podés imaginarte que estás bailando la danza del vientre. No importa el tamaño del vientre...

• A continuación, las piernas, una por vez. Levantándolas y moviendo las articulaciones de la misma manera que hacen los jugadores de fútbol, estoy segura de que alguna vez los viste. Muslos, rodillas, pantorrillas, tobillos, talones, dedos de los pies. Me olvidé decirte que se recomienda estar descalzo...

Tu Cuerpo Y Tu Mente

El procedimiento para relajar tu cuerpo descripto anteriormente DEBE hacerse mientras hacés esto:

- Es ideal estar descalzo, sin importar la posición en la que te encuentres.

- Si estás parado, asegurate de que las piernas estén levemente flexionadas y el resto de ellas relajadas.

- Cerrá los ojos, ¡siempre!

- Respirá, respirá, respirá, inhalá por la nariz, exhalá por la boca, respirá, respirá, respirá, tomá aire, soltá el aire MUY LENTAMENTE. Nunca dejes de respirar.

- Solo debe moverse la parte del cuerpo que estés trabajando, el resto del cuerpo debe estar quieto, relajado, flojo, sin tensión, y no debés prestarle atención en absoluto. A cada parte del cuerpo le llegará su turno. Si observás que alguna parte quiere tomar el protagonismo, relajá esa parte inmediatamente.

- No te apures. Todos los movimientos deben tomar una eternidad. Incluso el pequeño movimiento de los dedos de los pies.

- No dejes un milímetro de tu cuerpo sin explorar. Incluso, aquellas partes que no se ven, pero existen.

- Cuando hayas terminado con las partes más obvias del cuerpo, relajá tu piel, tu cabello, tus músculos invisibles, tu esqueleto íntegro, tus poros, todo lo que haya quedado...

Tomarte 20 minutos al día para hacer esto puede cambiar tu vida, sin exagerar. A medida que practicás y repetís una y otra vez el ejercicio, verás que los resultados son cada vez más impresionantes. Ahora podés actuar de otra manera, en el escenario, en tu cocina, en la reunión con amigos, en el baño, en la verdulería, en el autobús, en la vida.

Buenos Aires Para Impresionar En Una Primera Cita
- Viajes y turismo -

Buenos Aires en una ciudad cosmopolita fundada por inmigrantes a orillas del Río de la Plata. Su historia atrapa a cualquiera que pise suelo argentino. Y Buenos Aires es y será siempre la ciudad que nunca duerme. Así se la conoce. Y, como ocurre con todas las grandes capitales del mundo y gracias a esta peculiar característica, dispone de una amplísima oferta para disfrutarla, ya sea en familia, solos, o para impresionar a alguien en una primera cita.

Aquí te daremos información muy valiosa para impresionar en tu primera salida romántica, cinco lugares para que sea inolvidable, y ojalá sea de ayuda... Si no es para toda la vida, por lo menos ¡que sea una noche mágica!

5 Lugares Con Encanto En La Ciudad Que Nunca Duerme

Puerto Madero

Está ubicado en el centro mismo de la Ciudad de Buenos Aires a orillas del Río de la Plata. Se trata de los antiguos muelles y barracones de carga y descarga de los barcos. Fueron reciclados para convertirse en una de las zonas más valoradas, donde se ha desarrollado una amplia oferta gastronómica (ideal para sorprender a tu pareja). Podrás cenar a la luz de la luna, en un ambiente íntimo y romántico. Imposible resistirse...

Jardín Japonés

Es un lugar hermoso, el elegido por los recién casados para tomarse fotografías. No te preocupes, si tu intención no es llegar tan lejos, podés dejarlo para más adelante. Pero realmente vale la pena conocerlo y seguramente conquistarás a quien quieras. Está emplazado en Palermo, uno de los barrios más conocidos de la Ciudad de Buenos Aires. Se creó en conjunto con la comunidad japonesa para conmemorar la primera visita del emperador japonés a la Argentina. Un paseo una tarde de primavera, con los cerezos florecidos por esos caminitos bordeando los espejos de agua llenos de carpas y otros peces, es una experiencia para conectar con esa persona que queremos conquistar.

Delta del Río Tigre

Ubicado en el municipio de Tigre, el Río Tigre es un afluente del Río Paraná, el segundo río más caudaloso de América. Allí podés sorprender a tu pareja con un paseo privado en lancha, bajar en alguna isla a comer o cenar, y terminar la noche en una cabaña en medio de la naturaleza. Si con esto no triunfamos, entonces no es para nosotros...

Calle Corrientes

La Avenida Corrientes es una de las arterias principales y la más emblemática de la Ciudad de Buenos Aires. En ella se puede disfrutar de la oferta teatral más amplia de América Latina, así como de varias de las pizzerías más reconocidas de la ciudad. Cualquier elección que hagamos, será la correcta.

El Barrio de San Telmo

San Telmo es uno de los barrios más característicos de Buenos Aires. Ahí podemos encontrarnos con edificios antiguos, casas de antigüedades, restaurantes, bares, tanguerías y mucho más. Es un lugar para disfrutar con todos los sentidos, ya sea paseando por esas calles antiguas de la época colonial, hasta encontrar ese lugar para sentarse a comer y conversar. La gran ventaja de San Telmo es que se adapta a todos los gustos y edades.

Buenos Aires es un lugar perfecto para conquistar. La gran variedad de opciones hace de esta ciudad un lugar ideal para disfrutar de la cultura, conocer gente, deleitarse con la mejor gastronomía y, por supuesto, enamorar a esa persona tan especial.

Recetas de Cocina para Deleitarse
- Comidas y bebidas -

A continuación, encontrarás una serie de deliciosas recetas para agasajar a tu familia, invitados, o simplemente poner en práctica tus habilidades culinarias. Sigue las instrucciones paso a paso ¡y verás qué fácil y delicioso resulta!

1. Berenjenas rellenas con carne y con vegetales

La berenjena es un producto muy versátil y que ofrece una gran variedad de posibilidades para aprovecharla. Es un producto de la naturaleza que tiene muchos beneficios para la salud, entre ellos, contiene propiedades antioxidantes que colaboran con la prevención de enfermedades. Además, se usa para tratamientos médicos y para productos cosméticos. En este caso, vamos a hacer dos rellenos, uno con carne picada y el otro con arroz y vegetales.

Ingredientes - para dos personas

Para el relleno de carne:

- 1 Berenjena

- ½ Kg carne picada

- 1 Cebolla picada

- ½ Pimiento morrón rojo picado

- 1 Diente de ajo

- Puré de tomate o tomate triturado

- Queso para gratinar

Para el relleno vegetal:

- 1 Berenjena

- 1 Taza de arroz integral

- ½ Diente de ajo

- 1-2 cucharadas de queso crema

- 1 Tomate cubeteado

- Cebollino picado

- Sal

- Pimienta

- Chile en polvo

- Comino

- Aceite de Oliva

Utensilios

- Cuchillo de cocina

- Cuchara
- Plato
- Fuente para horno
- Sartén

Preparación de las berenjenas

Lo primero que tienes que hacer es cortar las berenjenas a la mitad. Debes intentar que las mitades queden lo más parejas posibles.
- En cada mitad realiza unos cortes en diagonal, en una dirección y en la otra, formando una cuadrícula sin llegar a cortar la cáscara.
- Las condimentas con sal y pimienta.
- Vas a ponerlas en el microondas por intervalos de 2 minutos para que se cocinen.
- Revisa que la cáscara no se ablande demasiado.
- Cuando ves que la carne de las berenjenas está bastante blanda, la retiras raspando con una cuchara y la reservas. Luego lo usarás para el relleno.

Preparación del relleno de carne

- Pones la sartén al fuego con un chorrito de aceite de oliva.
- Cuando el aceite tome temperatura, añade la cebolla y el pimiento, todo picado.
- Agrega una pizca de sal para ayudar a que la cebolla y el pimiento empiecen a soltar sus jugos.
- Pica el diente de ajo y lo agregas a la sartén.
- Agrega la carne picada y remuévela bien para que se mezcle con el resto de los vegetales.
- Agrega el puré de tomate y un caldo de verdura.
- Pon sal y pimienta.
- Agrega un poquito de comino y chile en polvo.
- Deja que se cocine a fuego bajo durante 30 minutos.
- Retira del fuego y mezcla con la carne de una de las berenjenas que habías separado.
- Deja enfriar.
- Una vez frío, vas a rellenar las dos mitades de una de las berenjenas.
- Le pones queso por encima para gratinar, y ya están listas para calentarlas en el horno.

Preparación del relleno vegetal

- Con un tenedor pisas la carne de la otra berenjena y la mezclas con el ½ diente de ajo.
- Luego, añade el tomate cubeteado, el queso crema y el cebollino picado.
- Condimenta con sal, pimienta y un chorrito de aceite de oliva.
- Este exquisito puré lo vas a mezclar con el arroz que cocinaste previamente.
- Rellena la otra berenjena.
- Colócalas en una fuente de horno para que se calienten y se gratine el queso.

2. Omelette con queso fresco y espinacas salteadas

La **receta de *omelete*, *omelette*, *omelet*,** o directamente tortilla francesa, como quieras llamarlo, es una de las **recetas** que puede salvarte cuando menos lo piensas. Es una comida a base de huevo que traspasó las fronteras, ya que desde la prehistoria hay indicios de que formaba parte de la alimentación. Aunque la palabra *omelette* tiene sus orígenes en Francia, existen pruebas de recetas en la España del 1400 y en la América precolombina. Este delicioso y nutritivo plato es ideal cuando tienes poco tiempo, no tienes ganas de cocinar, o simplemente buscas saciar el hambre con algo rápido. Además, su versatilidad permite combinarlo con diferentes ingredientes según tu gusto ¡incluso el gusto de cada miembro de tu familia! Es fácil, rápido de hacer, y te permite ser creativo, así que ¡manos a la obra!

Ingredientes (omelette receta para 2 personas):

- 4 huevos

- 6 dados de queso fresco

- 20 c/c de Leche - 0% de grasa (aproximadamente dos cucharadas soperas colmadas)

- 1 paquete de espinaca

- 1 cebolla pequeña

- 1 diente de ajo

- Aceite de oliva (cantidad necesaria)

- Sal (a gusto)

- Pimienta (a gusto)

- Nuez moscada (a gusto)

Utensilios de cocina:

- Olla pequeña para hervir

- Sartén antiadherente de 20-26 centímetros de diámetro

- 2 cuencos o bols

- Espátula de madera

- Cuchillo

- Tenedor

- Cuchara

- Rallador

Procedimiento

- Lava bien la espinaca y la cocinas en una olla con agua o al vapor, como prefieras; luego, la escurres y la cortas. Verás que cuando la vayas a retirar del agua se habrá reducido mucho. No te preocupes, es normal.
- Pica la cebolla.
- Coloca una sartén de 20-26 centímetros de diámetro en el fuego con un poquito de aceite de oliva; echa el diente de ajo para que le de sabor al aceite.
- A continuación, pones la cebolla a rehogar hasta que se vuelva transparente (unos 5 minutos).
Cuando el diente de ajo se empiece a dorar, lo retiras. Ya cumplió su función. Inmediatamente, agregas la espinaca al sartén donde tienes la cebolla.
- Pon la sal para que la cebolla y la espinaca empiecen a sudar.
- Condimenta con la pimienta.
- En un par de minutos verás que la espinaca empieza a brillar; entonces, rallas la nuez moscada (sólo una pizca, porque es muy invasiva y no queremos que opaque el resto de los sabores). La retiras del fuego, la colocas en un cuenco y la dejas reposar.
- En otro cuenco bates los huevos, sólo lo suficiente para romper las yemas y que se mezclen con las claras.
- Agregas la leche y condimentas con sal y pimienta, y vuelves a mezclar.
- Coloca la sartén donde salteaste la cebolla y la espinaca nuevamente en el fuego, déjala que caliente bien y echa unas gotas de aceite de oliva.
- Una vez que esté bien caliente el aceite, vierte la mezcla de los huevos.
- Con un movimiento de tu muñeca distribuye uniformemente la mezcla por todo el fondo de la sartén. - - Ahora te darás cuenta el porqué de la elección del tamaño de la sartén. Verás que la preparación quedará bien desparramada en el fondo. Debería quedarte una capa de un espesor de unos 2-5 milímetros, esto te permitirá manipular el omelette sin que se rompa.
- Cuando veas que se está empezando a dorar, y al mover un poco la sartén veas que está despegado, coloca las espinacas y los dados de queso fresco.

- Cierras al medio el omelette, bajas el fuego al mínimo para que se termine de derretir el queso y se caliente la espinaca.
- Ahora sí, ¡ya puedes disfrutar de esta exquisita y nutritiva **receta de omelette**!

3. Salteado de pollo con arroz y verduras

Este plato tiene su origen en la comida oriental, variando entre pollo y cerdo en el ingrediente de carne que lleva. Es un plato muy completo, fácil de preparar y muy colorido y sabroso. Y, por supuesto, es sabrosísimo y muy sano para nuestro organismo. ¡Veamos cómo se prepara!

Ingredientes para dos personas

- 2 pechugas de pollo
- 1 taza de arroz
- 1 cebolla
- 1 pimiento morrón rojo
- 1 zanahoria
- 1 cebollín o cebolla de verdeo

Para el rebozado del pollo

- Fécula de maíz
- 3 huevos
- Jengibre rallado
- 2 dientes de ajo
- Aceite de girasol
- Sal
- Pimienta
- Salsa de soja
- Aceite de sésamo (no es imprescindible, pero aportará sabor)
- 50 gr de maní o almendras picadas
- 2-3 cucharadas soperas de miel

Utensilios

- Olla para hervir el arroz
- Olla para freír el pollo
- Sartén para el salteado
- Cuchillo
- Tenedor
- Cucharas
- Cuencos
- Fuente

Preparación del arroz

- Pon una olla a hervir con tres tazas de agua por cada taza de arroz. Puedes agregarle un caldo de verdura, si así lo deseas, ya que le dará más sabor.
- Agrega un puñado de sal.
- Deja que hierva 15-18 minutos y retiras del fuego.

Preparación del pollo

- Corta las pechugas en dados de unos 3 centímetros por lado.
- Condimenta el pollo con sal y pimienta.
- En un cuenco rompes los huevos y los bates con un tenedor.
- Pica un diente de ajo, ralla la misma cantidad de jengibre e incorpóralo al huevo.
- Sumerge el pollo en el huevo.
- En una fuente pones la fécula de maíz.
- Vas retirando el pollo del huevo y retiras el exceso.
- Lo pones en la fuente y lo rebozas - Intenta quitar el exceso para que no se formen grumos.
- Pones una olla con bastante aceite de girasol - El aceite tiene que estar caliente para que cuando frías el pollo, este no absorba aceite en exceso.

El rebozado en la fécula va a permitir que el pollo adquiera una cubierta crocante. No va a dorarse mucho, pero tendrá una hermosa textura.

- A medida que vayas cocinando el pollo, lo retiras y lo pones en una fuente a escurrir el exceso de aceite.

Preparación del salteado

- Corta la cebolla y el pimiento morrón en tiras.
- Corta la zanahoria en rodajas no muy gruesas.
- Pica el cebollín o cebolla de verdeo.
- Pon una sartén a calentar y cuando esté caliente agrega un chorrito de aceite de girasol.

Las verduras se van incorporando en función del tiempo que tardan en ablandarse. Por esto, debes agregar primero la zanahoria, luego la cebolla y el pimiento y por último el cebollín.

- El punto que buscamos es una verdura cocida pero crocante.
- Incorpora el maní o las almendras.
- Agrega los tacos de pollo y saltea todo.
- Ralla un poco más de jengibre y agrega el otro diente de ajo picado.
- En un cuenco pequeño, mezcla dos cucharadas de fécula de maíz con agua fría - Este será el espesante - Lo agregas de a poco al salteado.
- Un chorrito de salsa de soja.
- Añade la miel - La agregas al final porque, de lo contrario, se va a caramelizar demasiado.
- Si tienes, agregas el aceite de sésamo - Muy poquito porque es muy sabroso.
- Retira el sartén del fuego.

El arroz hervido que habías preparado te va a parecer que está todo apelmazado, pero no tienes que preocuparte, porque en cuanto lo remuevas un poco, los granos se separarán muy fácilmente.

Pon en un plato una porción generosa del arroz y coloca sobre él el salteado de pollo con las verduras.

¡Vas a tener un plato lleno de sabores, colores y muy nutritivo y saludable!

El Avance de la Tecnología
- Tecnología -

Se cree que internet siempre existió y estuvo para solucionarle la vida a todo el mundo, sin embargo, hace muy poco tiempo, la vida es muy diferente a lo que es hoy en día.

Las personas que nacieron en el siglo XXI o simplemente a finales del siglo XX, no tienen noción de muchas cosas que ocurrían antes de su existencia. Y, a pesar de haber nacido con la tecnología en sus manos, tampoco saben exactamente cuándo nació y cómo se fue desarrollando, llegando en poco tiempo a ser el motor del mundo. Esto es literal, ya que sin internet no existirían muchas de las cosas que tenemos hoy en día, ni los sistemas del mundo funcionarían como lo hacen.

¿Creen que exageramos? Ni un poquito. Pensemos simplemente en cómo las redes de internet permiten que todos los sistemas estén automatizados, los servicios públicos y empresas privadas se manejan de manera casi remota, y cómo nuestra vida cotidiana está totalmente manejada por dispositivos, aparatos y equipos que nos permiten hacer todo de forma virtual. Pero ¿cuándo nació internet? ¿Quién lo hizo y por qué? ¿Acaso tenía noción de lo que estaba haciendo?

Seguramente, la respuesta a la última pregunta es no. Y no porque el creador no tuviese consciencia, sino porque es difícil ver el panorama y las consecuencias de lo que hacemos mientras lo estamos haciendo. Es muy probable que no se haya dado cuenta de la magnitud de lo que estaba creando. Y esa persona tiene nombre y apellido, vive en algún lugar del mundo, y no se sabe mucho de él. Se llama Berners-Lee.

Este señor dijo una vez 'esto es para todos', palabras que tuiteó luego de ser galardonado durante la ceremonia de los Juegos Olímpicos de Verano 2012. La razón de su reconocimiento fue, nada menos, que la creación de la Web muchos años antes.

Quién es Berners-Lee

Berners-Lee era un empleado del CERN, Organización Europea para la Investigación Nuclear, cuando descubrió que se necesitaba una visión más simple de todos los proyectos y sistemas de la organización para rastrear la información. El gran problema era que necesitaba iniciar sesión en cada computadora por separado y, en algunos casos, en diferentes programas.

En Qué Consistió su Proyecto

Berners-Lee propuso el proyecto de un sistema integrado en 1989, pero las autoridades de la organización no lo aprobaron. En 1990, se le permitió comenzar con el proyecto. Para entonces, ya había comenzado a trabajar con Robert Cailliau.

El nombre del proyecto cambió varias veces; desde Information Management hasta Information Mesh y Mine of Information. Pero el nombre final resultó ser WorldWideWeb.

Otro genio de la tecnología estuvo indirectamente involucrado en el proyecto, Steve Jobs. La computadora NeXT diseñada en 1988 por Jobs resultó ser la estrella del proyecto.

Berners-Lee desarrolló las tecnologías HTML, HTTP, URL, entre otras cosas. En 1991, Berners-Lee publicó el primer sitio web. Contenía información sobre el proyecto WWW y estaba alojado en la CERN usando, por supuesto, la computadora NeXT.

Un Beneficio para la Humanidad

Su deseo de convertirlo en un proyecto abierto y libre del que el mundo se beneficiaría finalmente hizo realidad. No patentó su invento. No se benefició de eso. Decidió no controlarlo.

Unos años más tarde, Berners-Lee fundó el Consorcio de la World Wide Web, que se encarga de los estándares de la web.

El Español
- Países y nacionalidades -

Los idiomas se han expandido y se han integrado en otras regiones gracias a la globalización. En la actualidad es posible estudiar un idioma y aprenderlo sin necesidad de viajar. Y no solo eso, también es posible trabajar de forma remota y usar los conocimientos para encontrar empleos rentables en internet. Existen estadísticas que indican cuáles son los idiomas más hablados, pero también hay otras listas que hablan de cuáles son los idiomas más buscados, en qué países y en qué empleos es necesario ser, al menos, bilingüe. La realidad es que saber otros idiomas además del nativo es importante para desarrollarse profesionalmente y también para comunicarse con el mundo.

El idioma español se habla en muchos países del mundo. Aunque no es igual en las diferentes regiones,; también hay dialectos, diferente vocabulario y pronunciación. Sin embargo, todos los países de habla hispana se rigen por el único diccionario oficial que regula, analiza y actualiza el idioma.

En España se habla de forma muy diferente a los países de Latinoamérica, y dentro de Latinoamérica cada país tiene sus forma y regionalismos.

En Sudamérica también es distinto, ya que se usa el voceo, con lo cual la conjugación de los verbos también difiere del resto de los países.

Las estadísticas que se hacen regularmente ubican al español entre los idiomas más hablados en el mundo.

¿Dónde es oficial el español?

El español es oficial como primera lengua en Argentina, Bolivia, Chile, Colombia, Costa Rica, Cuba, República Dominicana, Ecuador, El Salvador, Guinea Ecuatorial, Guatemala, Honduras, México, Nicaragua, Paraguay, Panamá, Puerto Rico, España, Uruguay, Venezuela, y Perú.

En muchos otros países del mundo es reconocido y se habla de forma cotidiana, enseñándose hasta en los colegios, pero no es oficial.

Es posible que la fama del español, por llamarlo de alguna manera, se deba a la gran inmigración de ciudadanos latinoamericanos a otros países, especialmente a Estados Unidos y Europa.

Los dialectos, que no son dialectos

Muchas personas creen que existen dialectos del español, pero no es así. No son dialectos, sino regionalismos, coloquialismos y formas diferentes de entonación. Un dialecto es cuando una lengua es hija de otra. Después existen los dialectos, sí, pero el español de cualquiera de los países mencionados arriba ¡es el mismo!

Cómo estudiar un idioma de forma autónoma

La mejor forma de estudiar un idioma es explotar la habilidad en la que nos destacamos, ya sea la escucha comprensiva, la escritura, la producción oral, entre otras. Hoy en día es más sencillo que el pasado, dado que contamos con muchas herramientas disponibles para hacerlo. Podemos mirar videos, escuchar música, hacer ejercicios en internet, mirar películas, leer libros en papel y digitales, y muchas otras cosas que ayudan a ganar fluidez y ampliar el vocabulario.

Tenemos todo en nuestras manos para adquirir un idioma de forma rápida y eficaz.

El Fútbol
- Deportes -

El fútbol es un deporte que se juega en muchas partes del mundo. Es considerado por muchos el deporte más importante y popular. En algunos países es más importante que en otros, pero incluso las personas que no juegan regularmente suelen mirar los partidos de este deporte tan buscado.

Cómo se juega al fútbol

Once jugadores de cada equipo en la cancha, un jugador en cada arco, y los árbitros que se ocupan de que se respeten las reglas del juego son los participantes obligados. Sin embargo, si por algo se destaca este deporte es por tener las llamadas 'hinchadas', es decir, el público, presente alentando al equipo favorito con gritos, entusiasmo y mucha pasión.

El fútbol se juega en casi todo el mundo y millones de personas lo practican como actividad recreativa, para hacer deportes, o simplemente para encontrarse con amigos. En los países de habla inglesa de lo conoce como soccer.

La cancha donde se juega consiste en un rectángulo de césped, puede ser natural o artificial, y se usa una pelota que es disputada por los dos equipos. El objetivo del juego es meter un gol al equipo contrario tirando la pelota dentro del arco.

Las reglas del juego

Las reglas básicas del juego del fútbol son las siguientes:

- Debe jugarse con una pelota esférica de cuero o un material similar y debe tener una circunferencia menor a 70 cm y mayor a 68 cm. Además, el peso debe estar entre los 410 y los 450 g.

- El equipo que más goles haya metido en el arco del equipo contrario es el ganador. En el caso de que la cantidad de goles sea la misma al terminar el partido, se trata de un empate.

- La pelota no puede tocarse con las manos o brazos.

- Los jugadores consisten en defensores, delanteros, centrocampistas, mediocampistas.

El portero, guardameta o arquero

Así se denomina al jugador que está en el arco cuidando que no le hagan un gol a su equipo. Este es el único jugador que tiene permitido tocar la pelota con las manos.

El defensor

Este es el jugador que defiende al equipo y que tiene como principal objetivo cuidar que el rival no avance hacia el arco de su equipo.

El centrocampista

Esta posición se encuentra, como lo dice su nombre, en medio del campo de juego y su función principal es hacer jugadas, pasar la pelota y recuperarla del equipo contrario.

El delantero

Este jugador se encarga de atacar al equipo contario y tratar de meter goles.

Cuándo y dónde nació el fútbol

Según las investigaciones realizadas, se cree que este deporte se jugaba en la antigüedad en varios lugares del mundo, incluida América y Europa. Con el tiempo, el deporte fue cambiando y adaptándose hasta llegar a lo que conocemos hoy en día. Sin embargo, actualmente también sigue modificándose, aunque menos.

Durante las primeras épocas del fútbol, las reglas no eran muchas y la violencia era bastante significativa. Por otro lado, se sabe que muchos deportes derivaron del fútbol y cambiaron su forma, tales son el rugby, fútbol americano, el fútbol australiano, y otros.

La realidad es que no se sabe a ciencia cierta la fecha exacta ni el lugar original de este deporte tan popular a nivel mundial. No solo es un deporte que se juega en todos los continentes, sino que es muy aclamado, existen competencias mundiales y torneos intercontinentales que reúnen a fanático de todos los rincones.

Antonio Machado
- Información personal -

Antonio Machado nació en Sevilla, España en 1875. Fue un poeta que representó a las generaciones de su época con su arte. Tenía siete hermanos y su madre se llamaba Ana Ruiz.

La familia materna de Machado tenía una confitería y su padre era abogado, investigador de folclore, y periodista. Una de las características poco conocidas del autor es que su abuela paterna era artista, con lo cual, es evidente que Antonio Machado heredó su sensibilidad y afición por el arte de ella. Lo cierto es que el reconocido autor provenía de una familia de un alto nivel cultural, intelectual y académico del cual adquirió muchos conocimientos, que en para esa época no era común para cualquier otro ciudadano. Su formación le permitió llegar lejos y ser, hoy en día, uno de los autores más importantes del mundo. Sin embargo, en uno de sus trabajos, el autor dice no guardar buenos recuerdos de su paso por el Instituto y la Universidad.

Su obra es rica y extensa, y debido al tiempo que pasó desde su fallecimiento, en el año 1939, el mundo entero puede disfrutar de sus poemas y toda su producción libres de derecho de autor.

Campos de Castilla

El libro de poesía de 1912 refleja una época de Antonio Machado, donde se puede apreciar lo bohemio a flor de piel. Pasó gran parte de su vida escribiendo poemas, proverbios, cantares, y compartiendo su romanticismo. A continuación, reproducimos dos de los maravillosos poemas del autor.

Retrato

Mi infancia son recuerdos de un patio de Sevilla,

y un huerto claro donde madura el limonero;

mi juventud, veinte años en tierra de Castilla;

mi historia, algunos casos que recordar no quiero.

Ni un seductor Mañara, ni un Bradomín he sido,

-ya conocéis mi torpe aliño indumentario-

mas recibí la flecha que me asignó Cupido,

y amé cuanto ellas pueden tener de hospitalario.

Hay en mis venas gotas de sangre jacobina;

pero mi verso brota de manantial sereno;

y, más que un hombre al uso que sabe su doctrina,

soy, en el buen sentido de la palabra, bueno.

Adoro la hermosura, y en la moderna estética

corté las viejas rosas del huerto de Ronsard;

mas no amo los afeites de la actual cosmética,

ni soy un ave de esas del nuevo gay-trinar.

Desdeño las romanzas de los tenores huecos

y el coro de los grillos que cantan á la luna.

A distinguir me paro las voces de los ecos,

y escucho solamente entre las voces, una.

¿Soy clásico o romántico? No sé. Dejar quisiera

mi verso, como deja el capitán su espada,

famosa por la mano viril que la blandiera,

no por el docto oficio del forjador preciada.

Converso con el hombre que siempre va conmigo;
-quien habla solo, espera hablar á Dios un día-
mi soliloquio es plática con este buen amigo
que me enseñó el secreto de la filantropía.

Y al cabo, nada os debo; debéisme cuanto he escrito.
A mi trabajo acudo, con mi dinero pago
el traje que me cubre y la mansión que habito,
el pan que me alimenta y el lecho en donde yago.

Y cuando llegue el día del último viaje
y esté al partir la nave que nunca ha de tornar,
me encontraréis á bordo, ligero de equipaje,
casi desnudo, como los hijos de la mar.

***

<u>Á orillas del Duero</u>

Mediaba el mes de Julio. Era un hermoso día.
Yo, solo, por las quiebras del pedregal subía,
buscando los recodos de sombra, lentamente.
A trechos me paraba para enjugar mi frente
y dar algún respiro al pecho jadeante;
o bien, ahincando el paso, el cuerpo hacia adelante
y hacia la mano diestra vencido y apoyado
en un bastón, á guisa de pastoril cayado,
trepaba por los cerros que habitan las rapaces
aves de altura, hollando las hierbas montaraces
de fuerte olor -romero, tomillo, salvia, espliego-.
Sobre los agrios campos caía un sol de fuego.

Un buitre de anchas alas con majestuoso vuelo

cruzaba solitario el puro azul del cielo.
Yo divisaba, lejos, un monte alto y agudo,
y una redonda loma cual recamado escudo,
y cárdenos alcores sobre la parda tierra
-harapos esparcidos de un viejo arnés de guerra-
las serrezuelas calvas por donde tuerce el Duero
para formar la corva ballesta de un arquero
en torno á Soria. -Soria es una barbacana
hacia Aragón que tiene la torre castellana-.
Veía el horizonte cerrado por colinas
obscuras, coronadas de robles y de encinas;
desnudos peñascales, algún humilde prado
donde el merino pace y el toro arrodillado
sobre la hierba rumia, las márgenes del río
lucir sus verdes álamos al claro sol de estío,
y, silenciosamente, lejanos pasajeros,
¡tan diminutos! -carros, jinetes y arrieros-
cruzar el largo puente y bajo las arcadas
de piedra ensombrecerse las aguas plateadas
del Duero.
El Duero cruza el corazón de roble
de Iberia y de Castilla.
¡Oh, tierra triste y noble,
la de los altos llanos y yermos y roquedas,
de campos sin arados, regatos, ni arboledas;
decrépitas ciudades, caminos sin mesones
y atónitos palurdos sin danzas ni canciones
que aun van, abandonando el mortecino hogar,
como tus largos ríos, Castilla, hacia la mar!

Castilla miserable, ayer dominadora,
envuelta en sus andrajos desprecia cuanto ignora.

¿Espera, duerme o sueña? ¿La sangre derramada
recuerda, cuando tuvo la fiebre de la espada?
Todo se mueve, fluye, discurre, corre ó gira;
cambian la mar y el monte y el ojo que los mira.
¿Pasó? Sobre sus campos aún el fantasma yerra
de un pueblo que ponía á Dios sobre la guerra.

La madre en otro tiempo fecunda en capitanes
madrastra es hoy apenas de humildes ganapanes.
Castilla no es aquella tan generosa un día
cuando Myo Cid Rodrigo el de Vivar volvía,
ufano de nueva fortuna y su opulencia,
á regalar á Alfonso los huertos de Valencia;
ó que, tras la aventura que acreditó sus bríos,
pedía la conquista de los inmensos ríos
indianos á la corte, la madre de soldados
guerreros y adalides que han de tornar cargados
de plata y oro á España en regios galeones,
para la presa cuervos, para la lid leones.
Filósofos nutridos de sopa de convento
contemplan impasibles el amplio firmamento;
y si les llega en sueños, como un rumor distante
clamor de mercaderes de muelles de levante,
no acudirán siquiera á preguntar ¿que pasa?
Y ya la guerra ha abierto las puertas de su casa.

Castilla miserable, ayer dominadora,
envuelta en sus harapos desprecia cuanto ignora.

El sol va declinando. De la ciudad lejana
me llega un armonioso tañido de campana
-ya irán á su rosario las enlutadas viejas-.

> De entre las peñas salen dos lindas comadrejas;
>
> me miran y se alejan, huyendo, y aparecen
>
> de nuevo ¡tan curiosas!... Los campos se obscurecen.
>
> Hacia el camino blanco está el mesón abierto
>
> al campo ensombrecido y al pedregal desierto.

Fiestas y celebraciones importantes de los países de habla hispana
- Fiestas y celebraciones -

Las principales fiestas y celebraciones de los países de habla hispana enriquecen su cultura y atraen a turistas de todo el mundo. Sin embargo, las ocasiones son muy especiales para los ciudadanos de cada país y no solo es una cuestión artificial, se trata de fiestas ricas en significado y diversidad.

Los países latinoamericanos que han sido significativamente influenciados por el catolicismo tienen muchas fiestas para celebrar a sus santos patrones y las vírgenes.

¿Cuáles son las fiestas celebradas en los países latinoamericanos?

ENERO

1 de enero - *Año Nuevo*, Día de Año Nuevo.

6 de enero - *Día de los Reyes Magos*. En muchos países católicos, este es el momento de la diversión navideña. Tradicionalmente, los niños reciben regalos en este día en lugar de en Navidad. Como los Reyes Magos traían regalos, la gente intercambia obsequios y los niños sacan sus zapatos para que los magos los dejen dentro.

21 de enero - Festín de *Nuestra Sra. de Altagracia*, o Nuestra Señora de la Más Alta Gracia, la virgen patrona de la República Dominicana.

26 de enero - *Día de Juan Pablo Duarte*. Conmemora al héroe de la independencia dominicana de Haití.

28 de enero - *Nacimiento de José Martí*. Activista político, héroe independentista y poeta que lideró la lucha por la independencia de Cuba de España.

FEBRERO

2 de febrero - *Tratado de Guadalupe Hidalgo*. Este tratado, que marcó el final de la Guerra Mexicana, estableció la soberanía de Estados Unidos sobre 1.193.061 millas cuadradas de territorio mexicano anteriormente disputado, incluidos los estados actuales de Texas, Arizona, California y Utah, y partes de Nuevo México, Colorado y Wyoming.

5 de febrero - *Día de la Constitución* en México.

24 de febrero - *Día de la Bandera en México*

27 de febrero - *Día de la Independencia de República Dominicana* e inicio del Carnaval Dominicano. La celebración previa a la Cuaresma coincide con el aniversario de la Independencia de República Dominicana de Haití.

MARZO

5 de marzo - *Carnaval*, un feriado oficial mexicano que inicia una celebración de cinco días antes de la Cuaresma católica. A partir del fin de semana anterior a la Cuaresma, *Carnaval* Se celebra exuberantemente con desfiles, carrozas y bailes en las calles.

9 de marzo - Baron Bliss Day. Honra al inglés Sir Henry Edward Ernest Víctor Bliss, quien dejó toda su fortuna a la ciudad de Belice.

21 de marzo - *Nacimiento de Benito Juárez*. Juárez, uno de los héroes nacionales de México, sirvió a su país como presidente durante el turbulento período desde 1855 hasta su muerte, e instituyó una serie de reformas civiles. Lideró la resistencia militar al intento del emperador francés de imponer a Maximiliano de Austria como emperador de México.

22 de Marzo - *Día de la Emancipación en Puerto Rico*. Los esclavos en Puerto Rico fueron liberados en esta fecha en 1873.

Marzo 31 - *Feriado de Cesar Chávez* en California, Arizona y Texas. Este día festivo honra al activista mexicano-estadounidense de derechos laborales y civiles que ganó atención en la década de 1960 como líder de la Unión de Trabajadores Agrícolas. Su enfoque de defensa no violenta le valió el respeto mundial. California, Arizona y Texas han convertido el día en feriado estatal; otros estados están considerando hacerlo.

ABRIL

La Semana Santa o Semana Santa y Semana Santa: Se celebra en España, México y toda Latinoamérica. La Pascua es uno de los días sagrados más importantes del año.

La semana previa a la Pascua incluye procesiones solemnes, oración, misas y otros preparativos para la resurrección de Jesús. Las costumbres en los Estados Unidos incluyen a los mexicanos *cascarones*, la versión mexicana de un huevo de Pascua o cáscaras de huevo, relleno de confeti.

11 de abril - *Día de la Batalla de Rivas en Costa Rica*. Se conmemora el aniversario de la victoria sobre los invasores confederados en 1856. Un ejército formado principalmente por agricultores armados con machetes obligó a William Walker, un estadounidense que planeaba esclavizar países centroamericanos, a regresar a Nicaragua.

19 de abril - *Desembarco del 33 Día de los Patriotas* en Uruguay. Es el aniversario del desembarco de treinta y tres exiliados en 1825, quienes iniciaron una campaña conducente a la independencia de Uruguay.

MAYO

1 de mayo - *Día del trabajo* o *Día del Trabajador*; un feriado nacional celebrado en la mayoría de los países de habla hispana, equivalente al Día del Trabajo de EE. UU.

5 de mayo - *Cinco de Mayo* en México. Conmemora la victoria de las fuerzas mexicanas sobre el ejército francés en la batalla de Puebla el 5 de mayo de 1862. Es principalmente una fiesta regional que se celebra en la capital del estado mexicano de Puebla y en otras partes de México. También se celebra en ciudades de Estados Unidos con una importante población mexicana. No es, como mucha gente piensa, el Día de la Independencia de México, que en realidad es el 16 de septiembre.

10 de Mayo - *Día de las madres.* Se celebra en esta fecha en México y otros países de América Latina.

15 de Mayo - *Día de la Independencia* de Paraguay.

18 de mayo - *Batalla de Las Piedras* en Paraguay. Aniversario del fin del conflicto entre Uruguay y Brasil en 1828.

20 de mayo - *Nacimiento de Cuba* como república independiente en 1902.

25 de mayo - *Revolución de Mayo* en Argentina. Conmemora la revolución que dio lugar más adelante al establecimiento de un gobierno autónomo.

JUNIO

19 de junio - *Día de Artigas* en Uruguay. Celebra el cumpleaños del General José Gervasio Artigas, antepasado de Uruguay.

24 de junio - Festín de *San Juan Bautista*, santo patrón de la capital de Puerto Rico, San Juan. Otros latinos celebran el día como el Día de San Pedro.

29 de junio - *San Pedro y San Pablo*. Celebrado en España y muchos países de América Latina.

JULIO

5 de julio - *Día de la Independencia* de Venezuela.

6 al 14 de julio - *Los Sanfermines*, o las Fiestas de San Fermín, o el encierro de Pamplona, España.

9 de julio - *Día de la Independencia* de Argentina.

19 de julio - *Día de la Revolución* en Nicaragua. Aniversario del día en que el ejército de Liberación Nacional declaró la victoria sobre la dictadura de Somoza.

20 de julio - *Día de la Independencia* de Colombia.

24 de julio - *Nacimiento de Simón Bolívar* (Colombia, Venezuela, Panamá). Conocido como El Libertador, lideró la rebelión contra el dominio español que estableció la independencia de Venezuela, Colombia, Ecuador, Perú y Bolivia.

25 de julio - *Día de la Constitución* en Puerto Rico.

25 de julio - Santiago o *Santiago apóstol* en España. Celebra la patrona de España.

26 de julio - *Día de la Revolución*, Cuba.

28 de julio - *Día de la Independencia* del Perú.

AGOSTO

1-6 de agosto - *El Salvador del Mundo*, patrona de El Salvador. Los salvadoreños celebran con ferias callejeras y una procesión en honor al santo.

6 de agosto - *Día de la Independencia* de Bolivia.

7 de agosto - *Batalla de Boyacá* en Colombia. Fiesta pública que celebra el aniversario de la derrota de los españoles en 1819 en la provincia de Boyacá.

10 de agosto - *Día de la Independencia* de Ecuador.

15 de agosto - *Fiesta de la Asunción*, celebrada por católicos en países de habla hispana. Celebra la creencia en la ascensión de María al cielo.

17 de agosto - *Día de San Martín*. Aniversario de la muerte del General José Francisco de San Martín, libertador de Argentina.

25 de agosto - *Día de la Independencia* de Uruguay.

SEPTIEMBRE

2 de septiembre - *Día de la Independencia* de Belice. Belice era conocida como Honduras Británica antes de su independencia del Reino Unido el 21 de septiembre de 1981.

8 de septiembre - *Nuestra Señora de la Caridad del Cobre*, patrona de Cuba.

10 de septiembre - *Día de St. George's Caye* en Belice. La batalla de St. George's Cay en 1798 fue ganada por un puñado de lugareños sobre una fuerza española superior.

15 de septiembre - *Día de la Independencia de las naciones centroamericanas* en El Salvador, Costa Rica, Guatemala, Honduras y Nicaragua. Conmemora la declaración de independencia de España en 1821.

16 de septiembre - *Día de la Independencia* de México. Celebra el día que Miguel Hidalgo entregó *El Grito de Dolores*, y anunció la revuelta mexicana contra el dominio español.

18 de septiembre - *Día de la Independencia* de Chile. También conocido como Fiestas Patrias y El Dieciocho.

23 de septiembre - *Grito de Lares*. Aniversario del levantamiento que inició el movimiento por la independencia de Puerto Rico de España.

21 de septiembre - *Día de la Independencia* de Belice.

OCTUBRE

10 de octubre - *Grito de Yara* (Cuba). La revuelta de Yara inició la lucha de Cuba por la independencia de España en este día.

12 de octubre - *Día Nacional de España*, también conocido como *Día de la Hispanidad*. En la mayoría de los países de habla hispana se celebra el Día de la Raza. Esta festividad conmemora la llegada de Cristóbal Colón a América. Los hispanos están divididos sobre sus sentimientos políticos sobre la festividad.

18 de octubre - *Señor de los Milagros* en Perú. También llamada fiesta del Cristo Morado. La festividad se remonta a la década de 1700 cuando un gran terremoto destruyó Lima, pero una pintura del Cristo Morado no se vio afectada.

NOVIEMBRE

1 y 2 de noviembre - *Dia de los muertos* en México, Centroamérica. En la mayoría de las regiones de México, el 1 de noviembre es para honrar a niños y bebés, mientras que los adultos fallecidos son honrados el 2 de noviembre. Tradicionalmente, es una festividad de observancia para celebrar y honrar a los antepasados. Se basa en la creencia de que existe una interacción entre el mundo viviente y el mundo de los espíritus. Muchos celebran con *ofrendas* en sus hogares para honrar la memoria de sus seres queridos fallecidos y dar la bienvenida a sus almas. Otros visitan la parcela del cementerio de sus seres queridos y la decoran con flores, velas y comida. La festividad se celebra con reuniones familiares y comunitarias, música y banquetes, y la festividad reconoce la muerte como parte integral de la vida.

2 de noviembre - *Día de los Difuntos*. Esta observancia católica celebra la memoria de todos los primeros mártires, santos y fieles difuntos.

3 de noviembre - *Día de la Independencia* de Panamá.

5 de noviembre - *Primera Convocatoria de la Independencia* en El Salvador. Conmemora la primera batalla por la independencia en 1811, liderada por el Padre José Matías Delgado.

11 de noviembre - *Día de la Independencia de Cartagena* en Colombia. Conmemora la declaración de independencia de la ciudad de Cartagena realizada en 1811.

19 de noviembre - *Nuestra Señora de la Divina Providencia* o Nuestra Señora de la Divina Providencia, virgen patrona de Puerto Rico.

20 de noviembre - *Día de la revolución Aniversario de la Revolución Mexicana* de 1910 contra el dictador Porfirio Díaz.

DICIEMBRE

6 de diciembre - *Día de la Constitución*, España.

diciembre 8 - *Inmaculada Concepción*, celebrada en muchos países de habla hispana.

12 de diciembre - *Día de la Virgen de Guadalupe* o la Fiesta de Nuestra Señora de Guadalupe, patrona de México. Se dice que la Virgen María se apareció a un indio, Juan Diego, en esta fecha en 1531.

16-24 de diciembre - *Las Posadas* (México, Guatemala y otros países centroamericanos). Las Posadas conmemoran el viaje de María y José a Belén, y su búsqueda de un lugar para quedarse. Familiares y amigos se visitan en sus hogares y disfrutan de conversaciones y comidas tradicionales, y los visitantes cantan villancicos. Los colombianos celebran una festividad similar llamada "La Novena", y durante nueve días, las familias rezan y cantan villancicos tradicionales.

24 y 25 de diciembre - *La Nochebuena* y la *Navidad*. En muchos países católicos, la gente asiste a la misa de medianoche en Nochebuena. La preparación de comidas tradicionales también es una parte integral de las vacaciones. Los mexicanos se juntan por un "*tamalada*", o una sesión de preparación de tamal.

El impacto de la tecnología en el trabajo
- Trabajo -

Algunos piensan que traerá trabajo, más significativo, y que abrirá la oportunidad para sociedades más saludables. Los avances tecnológicos se hicieron cargo de ciertos trabajos manuales, como los servicios de un relojero, proyeccionista de películas, operadores, entre muchos otros. Dispositivos, cámaras digitales y teléfonos móviles cambiaron la fotografía y la forma en que tomamos fotos. Los fotógrafos, lamentablemente, no tuvieron más opción que adoptar la nueva tecnología.

Sin embargo, nuestro pasado nos ha enseñado que podría haber un mundo en el futuro en el que la función de recursos humanos desaparezca y sea reemplazada por equipos de automatización, subcontratación y autoorganización. Un mundo en el que los mejores talentos se disputen ferozmente los trabajadores, donde se contraten agentes personales para administrar las carreras, y muchos otros cambios, no es difícil de imaginar. La idea es estar preparado para ese futuro.

El trabajo del futuro

El mundo podría prescindir de las grandes empresas a medida que la nueva tecnología permita a las pequeñas empresas ganar más fuerza. Por otro lado, las empresas podrían trabajar juntas para el mejoramiento de la sociedad en su conjunto.

De acuerdo investigaciones realizadas, el lugar de trabajo en una década será muy diferente al que es hoy. Estas son algunas de las conclusiones a las que llegaron:

1. Los mejores lugares de trabajo tendrán diferentes áreas tranquilas para que los trabajadores tengan opciones, eliminando por completo los asientos asignados.

2. Habrá corporaciones más pequeñas, con grandes oportunidades de colaboración.

3. El trabajo prosperará en equipo.

4. Las oficinas serán entornos mucho más saludables, con buena iluminación, áreas de relajación, dormitorios, música, mascotas, y más.

5. El jefe de trabajo establecerá la cultura en la organización.

6. No habrá escritorios físicos; los empleados simplemente se estacionarán en cualquier lugar y tendrán una oficina simulada ante sus ojos.

7. Todos los trabajadores de todos los niveles utilizarán ayudantes robóticos en el futuro, como Siri o Alexa, para clasificar los correos electrónicos entrantes, programar reuniones, crear hojas de cálculo, etc.

8. La mayoría de las reuniones se llevarán a cabo entre diferentes grupos de trabajadores en múltiples ubicaciones, lo que permitirá un intercambio fluido de ideas.

Otro estudio analizó qué tipos de trabajos disminuirán y cuáles aumentarán.

Los resultados mostraron que las ocupaciones relacionadas con la agricultura, el comercio y la construcción, pueden tener focos de oportunidades en toda la escala de habilidades.

En sectores como la educación y la salud, pronostican que solo uno de cada diez trabajadores está en ocupaciones que probablemente crecerán.

Los hallazgos también resaltan la importancia de las habilidades cognitivas de orden superior, como la resolución de problemas complejos, la originalidad, la fluidez de ideas y el aprendizaje activo. Estas serán las habilidades más demandadas para el futuro.

Las habilidades más demandadas para el futuro

Según las estadísticas y estudios mencionados anteriormente, hay tres conjuntos principales de habilidades que los trabajadores necesitarán para asegurar las mejores carreras en el futuro.

Cognitivo superior: estos incluyen alfabetización y escritura avanzadas, pensamiento crítico y análisis cuantitativo, y habilidades estadísticas. Los utilizan médicos, contables, analistas de investigación y escritores.

Social y emocional: estos incluyen comunicación avanzada, empatía, ser adaptable y la capacidad de aprender continuamente. El desarrollo empresarial, la programación y la asesoría requieren estas habilidades.

Tecnológico: esto incluye todo, desde habilidades de TI básicas hasta avanzadas, análisis de los datos e ingeniería.

Principales empleos futuros

Analizando las principales tendencias tecnológicas y empresariales de la actualidad, se cree que los mejores trabajos o carreras incluirán:

1. Asistente virtual: se centrará en la satisfacción del cliente mediante el asesoramiento virtual a los clientes utilizando el conocimiento de la línea de productos.

2. Agente de datos personales: se asegurará de que los consumidores reciban ingresos de sus datos.

3. Curador de la memoria personal: consultará con los pacientes y las partes interesadas para generar especificaciones para las experiencias de realidad virtual.

4. Constructor de viajes de realidad aumentada: colaborará con ingenieros talentosos y artistas técnicos para desarrollar elementos vitales para los clientes.

5. Controlador de carreteras: supervisará los sistemas automatizados de gestión de carreteras y espacios aéreos para garantizar que no se produzcan errores.

6. Fabricante de partes del cuerpo: creará partes del cuerpo vivo para atletas y soldados.

7. Telemedicina: transformará la atención médica.

8. Biotecnología: transformará la agricultura y la ganadería.

9. Asesor de bienestar para ancianos: atenderá las necesidades físicas y mentales de los ancianos.

10. Cirujano de aumento de memoria: aumentará la memoria de los pacientes cuando alcance su capacidad.

12. Pilotos espaciales, guías turísticos y arquitectos.

Los estudios e investigaciones están en constante desarrollo y se hacen cada vez con mayor frecuencia, y esto se debe a la rapidez con la que se modifican las cosas y la velocidad a la que cambia la tecnología.

Existe una necesidad de estar un paso delante de los avances tecnológicos. Expertos y profesionales analizan constantemente cómo mejorar los sistemas, innovar y usar el adelanto para beneficio de las comunidades. Afortunadamente, la globalización permitió que países de todo el mundo estén conectados y las regiones colaboren unas con otras.

Después de la pandemia

Luego de la pandemia del COVID-19, las cosas ya no volverán a ser las mismas, y los investigadores tienen que volver a analizar la situación mundial y estudiar cómo evolucionará la población tras semejante tragedia. Nadie sabe a ciencia cierta cómo se adaptarán los países a los cambios, especialmente, esos países que carecen de recursos y donde la economía está estancada.

Especialmente en países de bajos recursos y en los subdesarrollados, las personas tuvieron que reinventarse y pensar en trabajos diferentes a los que hacían. Algunas personas pudieron hacerle frente, pero existe una gran cantidad de individuos que no poseen los recursos y herramientas necesarias. Solo el tiempo dirá cómo se sortean las consecuencias de una catástrofe mundial como fue la pandemia; sin embargo, desarrollar habilidades seguirá siendo la herramienta más valiosa para encontrar el mejor empleo en el futuro.

Learn Spanish For Beginners In Your Car: Accelerated Language Learning Lessons- 1001 Phrases, Words In Context, Conversations, Short Stories& Dialogues To Reach Intermediate Levels

Table of Contents

Chapter1 Our first step should always be letters and numbers! 1

Chapter 2 Make your day much easier! 7

Chapter 3 It´s important to know your family members! 16

Chapter 4 Look Smart around your colleagues! 22

Chapter 5 Your hobbies also want to be enjoyable in Spanish! 28

Chapter 6 What Do I have in my house? 34

Chapter 7 Places to Visit. 40

Chapter 8 Your favorite food: 47

Chapter 9 Viajar 53

Chapter 1
Our first step should always be letters and numbers!

¡Nuestro Primer paso debe ser siempre letras y números!

Dear reader, welcome to our first Spanish lesson, Querido lector, bienvenido a nuestra primera lección de Español!!

In this audio book you will learn the most common phrases and a very extensive initial vocabulary, en este audio libro aprenderás las frases más comunes, y un extenso vocabulario inicial, so please be attentive to every practice and absorb all you can!

You are going to hear phrases and descriptions in both languages, with the only purpose of getting you familiar with the sounds and phonetic of the Spanish.

So, get comfortable and enjoy the journey!

¡Así que ponte cómodo y disfruta del viaje!

Let´s start! Empecemos,

As almost every language, letters are the base of our writing, reading, and speaking, como casi todos los idiomas, las letras son la base de nuestro escribir, leer, y hablar, therefore we should start with them, es por ello que debemos empezar con ellas.

They compose words, and the words phrases, and will help you pronounce properly and affine your ear: Ellas componen palabras, las palabras frases, te ayudarán a pronunciar correctamente, y a afinar tu oído!

So, let´s learn the abecedary first! Repeat after me!!

Así que, aprendamos el abecedario, ¡Repite después de mí!

A, B, C, D, E, F, G, H, I, J, K, L, M, N, Ñ, O, P, Q, R, S, T, U, V, W, X, Y, Z. (should I put the pronunciation?)

Let´s repeat one more time: repitamos una vez más: A, B, C, D, E, F, G, H, I, J, K, L, M, N, Ñ, O, P, Q, R, S, T, U, V, W, X, Y, Z.

Now let´s practice the very new one for you: Ñ – (Egne) Ñ, with this letter we will find very common words in Spanish such as boy and girl, con esta letra encontraremos palabras muy comunes como: Niño (Boy), Niña (Girl), or Cañón from Gran Cañón – Grand Canyon, repeat it as many times as you like: Ñ (egne) so your brain will retain it and add it to you list of new words.

Here there are some words: Aquí tienes algunas palabras!

Baño (Bathroom) – Uña (Nail) – Araña (Spider) – Pañal (diaper) – Piña (Pineapple)

Now let´s try with objects that start with those letters learned, Ahora intentemos con cosas u objetos que empiecen con esas letras aprendidas:

In this lesson you will be able to learn vocabulary,

A: Avión (Airplane), B: Barco (Boat), C: Casa (House), D: diente (Teeth), E: Emoción (Excitement), F: Futbol (Soccer/Futbol), G: Gato (Cat), H: (sound) - this letter is mute at the beginning of a word, but it would adopt the sound of the following letter, esta letra es silente pero adopta el sonido de la letra que le sigue, por ejemplo: Hueco – Whole, and it would seem like it starts with an U, Hueco; another example may be: Hogar: means Home, but it sounds hOgar, so be aware when you read a word starting with an H, let´s continue, continuemos:

 - I de Iglesia (church), J de Jardín (Garden), K de Kebab (Kebab), L de Limón (Lemon), M de Montaña (Mountain), N de naranja (Orange), Ñ de ñame (Yam), O de Opera, P de pasta, Q de queso (Cheese), R de Risa (Laughter); S de salsa (Sauce), T de Tomate (Tomato), U de Ubber; V de Vinagre (Vinegar), W de waffles, Y de Yate (Yacht), Z de zafiro (Sapphire).

It´s very important to practice each lesson every day - Es muy importante practicar cada lección todos los días, use the words learned so your brain and ear get used to it – A good practice may be to take 10 words daily and use them during all day.

Now let´s do some spelling practice.

PRACTIQUEMOS DELETREANDO – I help you. Please pronounce the letters in Spanish.

- HERMANO – H – E – R – M – A – N – O.
- NIÑOS – N – I – Ñ – O – S.
- PARQUE – P – A – R – Q – U – E.
- FRUTA – F – R – U – T – A.
- TRABAJO – T – R – A – B – A – J – O.
- COMPUTADOR – C – O – M – P – U – T – A – D – O – R.
- IGLESIA - I – G – L – E – S -I – A.

Now by yourself, out loud: Ahora tú solo, en voz alta!

- CARRO –
- CASA –
- NIÑA –
- PLAYA -
- ARAÑA –
- PIZZA –
- DESAYUNO –
- PARQUE –

NUMBERS

Numbers are as important as letters:

Los números son tan importantes como las letras, so let´s learn some important numbers, así que aprendamos algunos números importantes:

Please repeat out loud the numbers from one to twenty and then some others to one hundred: Por favor repite en voz alta los números del 1 al 20, y luego otros hasta el número cien:

Uno 1 (one), Dos 2 (two), Tres 3 (three): 4 cuatro (four), Cinco 5 (five), Seis 6 (six), Siete 7 (seven), Ocho 8 (eight), Nueve 9 (nine), Diez 10 (ten), Once 11 (eleven), Doce 12 (twelve), Trece 13 (thirteen), Catorce 14 (fourteen), Quince 15 (fifteen), Dieciseis 16 (sixteen), Diecisiete 17 (seventeen), Dieciocho 18 (eighteen), Diecinueve 19 (nineteen), Veinte 20 (twenty).

Treinta 30 (thirty); Cuarenta 40 (forty), Cincuenta 50 (fifty), Sesenta 60 (sixty), Setenta 70 (seventy), Ochenta 80 (eighty), Noventa 90 (ninety), Cien 100 (hundred).

I know you want to do some practice out loud.

- Tengo cuatro hijos – I have four children,
- Quiero una casa con dos habitaciones, I want a house with 2 bedrooms.
- Mi abuelo tiene catorce pequeños peces, My grandpa has fourteen Little fishes.
- Maria celebrará sus dulces dieciséis el próximo sábado, Maria is celebrating her sweet sixteen next Saturday.
- Hemos sido amigos por dieciocho años – We have been Friends for eighteen years.
- Mi hermana tiene siete gatos – My sister has seven cats.
- Mi abuela cumplirá ochenta años el próximo año – My grandma is turning eighty next year.
- Tenemos diez dedos en las manos – We have ten fingers in our hands.
- La semana tiene siete días – The week as seven days.
- Un año tiene doce meses - A year has twelve months.
- Yo trabajo cinco días a la semana – I work five days a week.
- Mi perro tiene cinco años – My dog is five years old.
- Yo tengo dos playas favoritas – I have two favorites beaches.

LET´S LOOK AT THE PERSONAL PRONOUNS:

As most of the languages in the world, we have personal pronouns, como la mayoría de los idiomas del mundo tenemos pronombres personales!

¡Empecemos! Let´s start!

Like in English, Personal pronouns always conjugate a verb, so this is how we should always use them: **Personal Pronoun + Verb.**

Let´s hear their pronunciation: ¡Escuchemos su pronunciación!

Yo (I), Tú (you), Él (he), Ella (she), Eso/Esto (It), Nosotros (We), Ustedes or Vosotros (You (plural)), Ellos (They).

Repeat it one more time, out loud,

Yo (I), Tú (you), Él (he), Ella (she), Eso/Esto (It), Nosotros (We), Ustedes or Vosotros (You (plural)), Ellos (They).

They always need to be accompanied by a verb,

Find some examples and repeat them out loud:

- Yo trabajo en el centro comercial - I work at the mall.
- ¿Chicos, ustedes juegan futbol? – Guys, do you play soccer?
- ¿Cuántos años tienes tú? – How old are you?
- Nosotros siempre caminamos en el parque – We always walk at the park.
- Yo estoy Soltero/soltera - I am single.
- Yo estoy Casado/casada – I am married.
- ¿Ustedes son hermanos? – Are you brothers?
- Ella está casada con un ingeniero - She is married to an engineer.
- Nosotros cenamos juntos todas las noches – We have dinner together every night.
- ¿Estás molesto por algo? – Are you mad about something?
- Ella es muy feliz contigo – She is very happy with you.
- Ellos toman el bus todas las mañanas – They take the bus every morning.
- Nosotros trabajamos en el mismo lugar – We work at the same place.
- ¿Ustedes comparten el mismo carro? – Do you share the same car?
- Pareces muy feliz – You seem very happy.

    Practice these phrases as many times as you like and choose two to use today.

It´s the moment to introduce verb TO-BE, es el momento de presentarte el verbo *Ser o Estar*.

We have been practicing some examples already, ya hemos estado practicando algunos ejemplos, but it is the time to properly present this verb. It has two meanings in Spanish as in English – este verbo tiene dos significados en español al igual que en el inglés, but in Spanish you will have a difference as it uses two words: Ser o Estar and you will need to learn the difference.

SER O ESTAR

One verb two meanings!

Don´t worry you are about to find and practice the differences!

I am, Yo soy or Yo estoy, You are, tú eres or Tú estás, He is, Él es or Él está, She is, ella es or ella está, We are, Nosotros somos or nosotros estamos, You are (plural), ustedes son or ustedes están, They are, ellos son or ellos están.

Let´s hear them out loud one more time –

Yo soy or Yo estoy, Tú eres or Tú estás, Él es or Él está, Ella es or ella está, Nosotros somos or nosotros estamos, Ustedes son or ustedes están, Ellos son or ellos están.

You use the verb ESTAR when you are talking about places or any physical space – Otherwise, you use verb SER.

¡Practiquemos, Let´s practice!

Please notice the uses of the verb – The first phrase indicates the verb **SER** and the second phrase the verb **ESTAR**.

- Yo soy Abogado - I am a lawyer; Estoy en casa – I am at home. – we see the difference in Spanish and English for the same verb. Podemos ver la diferencia en español e inglés para el mismo verbo.
- *Eres* Mecánico, you are a mechanic, Tú estás en la escuela, you are at School.
- *Él es* un doctor - He is a doctor; Él está trabajando - He is working.
- Ella es secretaria - She is a secretary, Ella está bailando - she is dancing.
- Es un buen día - It is a good day, Está lloviendo - it is raining.
- Nosotros somos un buen equipo -We are a good team; Nosotros estamos en el restaurante – We are at the restaurant.
- Ustedes son buenas personas - You are good people, Ustedes están comiendo juntos - You are eating together,
- Ellos son pareja - They are a couple, Ellos están juntos - They are together.
- Eso es un carro de 1960 – That is a car of 1960 – El carro está aparcado en mi casa - The car is parked in my house.
- La escuela es blanca con azul – The School is white and blue, La escuela está muy cerca de casa - the School is very near home.
- Estoy cansado hoy – I am tired today, Estoy por ir a tu casa – I am about to go to your house.

Please find below some common and important phrases used on daily basis in Spanish language.

- ¿Cómo te llamas? (What is your name?)
- Me llamo (Carlos). (My name is Carlos.)
- Soy Dennise Murphy, (I am Denisse Murphy.)
- ¡Hola! ¿Qué cómo estás? (¡Hi! How are you?)

- Encantado de conocerle (conocerte) (Pleased to meet you.)
- ¡Adiós, hasta luego! (¡See you, bye!)
- ¿Quién es? (Who is this?)
- ¿Qué es? (What is it?)
- ¿Dónde es? (Where is it?)
- ¿Dónde está? (Where is he/she/it?)
- ¿De dónde eres? (Where are you from?)
- ¿De dónde vienes? (Where do you come from?)
- ¿A dónde vas? (Where are you going?)
- ¿Qué hora es? (What time is it?)
- Soy estudiante de español. (I am a Spanish student.)
- Soy estudiante universitario. (I'm a college student.)
- Tengo hambre. (I am hungry.)
- Tengo sueño. (I'm sleepy.)
- Estoy cansado. (I'm tired.)
- ¿Hay conexión wi-fi? (Is there wi-fi connection?)
- He perdido el teléfono móvil. (I have lost my cell phone.)
- ¿Dónde hay una comisaría de policía? (Where is a police station?)
- Necesito denunciar un robo. (I need to report a robbery.)
- Busco un supermercado. (I am looking for a supermarket.)
- Tengo que hacer la compra. (I must do grocery shopping.)
- ¿Cuál es la mejor zona para ir de compras? (What is the best area to go shopping?)
- Quiero ir a la playa. (I want to go the beach.)
- ¿Dónde hay un centro comercial? (Where is a shopping center?)
- A que hora vienes? – What time are you coming?

Chapter 2
Make your day much easier!

Learn the most common Spanish phrases to:

Not only have breakfast or lunch but also to do it as the politest person in the neighborhood.

Dear reader welcome again to this fascinating journey, in this chapter you will learn the most common phrases to go around your neighborhood practicing your Spanish.

Querido lector, en este capítulo aprenderás a las frases más comunes para ir practicando español en tu vecindario,

When you finish this chapter, you will be able to stablish a little conversation with a friend, talk to favorite bakery man, and even cross some comments in a park,

Al terminar este capítulo, serás capaz de entablar una pequeña conversación con un amigo, hablar con tu panadero favorito y hasta cruzar comentarios en el parque,

We are doing this together! But don´t hesitate to stop and go back at any time, I´ll go back with you, if you have any doubt.

¡Haremos esto juntos! Pero no dudes en parar y regresar en cualquier momento, yo regresaré contigo si tienes dudas,

Let´s do it – Hagámoslo!

Empecemos con los saludos,

Buenos Días, good morning – Buenas tardes – Good afternoon; these two options are the same in English and Spanish, but when we need to say Good evening or Good night, we use the same phrase for Spanish: Buenas Noches, it would not matter If you were getting in, or getting out, Buenas noches is the phrase you use <u>at nighttime</u>, so If you are anywhere after 7:00 pm, don´t hesitate; Buenas Noches is the word,

Now you will find many phrases you should learn and their possible answers *

Hola is easiest word but it is always nice to combine it properly, Hola, es la palabra más fácil, pero es siempre recomendable combinarla correctamente.

- ¿Hola, cómo estás? – Hi, how are you?
- ¿Hola, como está? – Hello, How do you do?
- Hola, ¿qué tal tu día? – ¿Hi, How is your day?
- ¡Hola, buenos días! – Hello, Good morning!
- ¡Hola, buenas tardes! – Hello, Good afternoon!
- <u>Hola</u>, buenas noches, - Hello, ¡Good evening!
- <u>Hola</u>, como has estado? – Hello, how have you been?

- ¡Adiós, buenas noches! – Bye, Good night! - In this case, you can see as Buenas noches is used in both cases, Hola and Adios.
- Hola, ¿qué tal? – Hey, what´s up?
- Estoy muy bien, gracias - I am very good, thank you!
- Me siento fenomenal, I feel great,
- Mi día muy bien, gracias – My day is Good, ¡thanks!

You have several choices to approach anyone, but what If we want to get something in the grocery store? easy – **let´s practice this**:

- Hola, ¿buenos días, como está? ¿Quisiera comprar algunas cosas – Hello, Good morning, how are you? I would like to buy some groceries.
- ¡Buenos días amigo, vengo por algunas cosas! Good morning my friend, here I am to buy some things.
- ¿Buenos días caballero, tendrá pan fresco esta mañana? – Good morning gentleman, would you have fresh bread this morning?
- ¿Buenos días, sería tan amable de darme un café solo por favor? – Good morning, would you be so kind and get me a black coffee please?
- ¿Me podría dar otra bolsa por favor? - Could I have another paper bag please?
- ¿Puedo pagar con tarjeta de crédito? Can I pay with credit card?
- ¿Dónde puedo encontrar las bebidas por favor? – Where can I find some beverages please?
- Me gustaría llevar fruta fresca – I would like to buy fresh fruits.
- ¿Cuánto quiere comprar de eso? – How much would you like to buy of it?
- Quisiera cinco libras de queso – I would like five pounds of cheese.
- ¿Cuánto le debo? – How much do I owe you?
- ¿Hola buenos días, me podría ayudar por favor? – ¿Hi good morning, Could you please help me?
- ¿Perdone, donde puedo encontrar……? – ¿Excuse me, where could I find…? –

Now we will practice some vocabulary, ahora practicaremos un poco de vocabulario!

If we want to know where to find something, we could start with "Perdone, donde puedo encontrar……" and then the article we are looking for.

¡Repite tres veces en voz alta! Repeat 3 times out loud.

Perdone, donde puedo encontrar…

- Tomates – Tomatoes
- Ajo – Garlic.
- Manzanas - Apples.

- Pepinos – Cucumbers.
- Pescado – Fish.
- Comida congelada – Frozen food.
- Carne – Meat.   (You could add some reference images here)
- Pollo – Chicken.
- Vegetales – Vegetables.
- Comida para mascotas – Pet Food.
- Zanahorias – Carrots.
- Uvas – grapes.
- Ciruelas – plums.
- Papas – potatoes.
- Berenjena – eggplant.
- Leche – Milk.
- Queso – cheese.
- Mantequilla – butter.
- Crema – cream.
- Huevos – Eggs.
- Pan – bread.
- Frijoles – beans.
- Maíz – corn.
- Batata – sweet potatoes.

¿Aprendiste algunas nuevas palabras? – Did you learn some new words? Great, ahora hablemos un poco con alguien en el parque – Now let´s talk to someone in the park, nervous? Of course, but it´s always about practicing what we have learned.

Let´s learn some new important phrases,

- ¡Hola buenos días, que buen clima hace hoy! – Hello good morning, what a nice weather today!
- Parece que lloverá esta tarde – It seems like it will rain this afternoon.
- ¡Qué bonito perro! – What a pretty god.
- ¿Sueles trotar en este parque? – You usually jog in this park?
- Vengo siempre por las tardes – I always come after noon.
- Me encantan estos árboles – I love these trees.

- Hace mucho calor hoy – It´s very hot today.
- Hace mucho frío hoy – It´s very cold today.
- Mis hijos adoran este parque – My kids love this park.
- Sólo me siento a ver la gente pasar – I just seat to see people go by.
- ¿Disfrutando de aire fresco? – Enjoying fresh air?
- Disfruto mucho del aire libre – I enjoy the great outdoors.
- Soy nuevo en el barrio – I am new in the neighborhood.
- Me acabo de mudar – I just moved.
- Me encanta esa ciudad – I love this city.
- ¿Habrá algún gimnasio cerca? - Is there any gym nearby?
- El parque siempre está limpio – The park is always clean,
- ¿Te gusta este barrio? – Do you like this neighborhood?
- Me alegra – I am glad.
- ¿Eres nuevo en el barrio? Are you new in the neighborhood?

Now you can exchange some ideas with an acquaintance in the park, ahora puedes intercambiar algunas ideas con un conocido en el parque, but we haven´t learned how to say goodbye, or just how to finish a conversation. This is very important because we don´t want to just say "Bye".

Please, pay attention and repeat as many times as you like:

You also will find explanation, in some cases, of when you may use the correct phrase, abajo encontrarás la explicación de cuando usar la frase adecuada:

- Adios – Goodbye, this the shortest way to say goodbye,
- Hasta luego – I see you later – *you may use this phrase with everyone, but it is courteous to use it with older people.*
- Me encantó verte – I loved to see you, *this is used with close friends or relatives.*
- Espero te vaya muy bien – I hope you do very well.
- ¿Nos vemos otro día? – Can I see you some other day?
- Te llamo mañana – I will call you tomorrow.
- Me tengo que ir – I´ve got to go, *you may use this phrase If something unexpected occurs.*
- Me voy – I´m off.
- Nos vemos pronto – See you soon.
- Tengo que irme, I must be going, *you may use this phrase when are ready to leave and need to start preparing yourself.*
- Fue un placer conocerte, it was nice to meet you.

- <u>Espero verte nuevamente</u>, I am looking forward to seeing you again.
- <u>Que tengas un buen día,</u> have a nice day,
- <u>Que tengas una buena tarde,</u> have a nice afternoon.
- <u>Cuídate,</u> Take care.
- <u>Fue un placer verte,</u> it was nice seeing you.

Practice is the most important part of these lessons; your ear and your brain will be happy to start recognizing another language.

Practicar es lo más importante de estas lecciones, tu oído y tu cerebro estarán felices de empezar a reconocer otro idioma,

So, please repeat this short conversation out loud, always out load!

CONVERSACIÓN

P1: Hola, ¿cómo estás?

    P2: Yo muy bien, disfrutando de aire fresco,

P1: Me alegra, ¿eres nuevo en el barrio?

    P2: Si, me acabo de mudar,

P1: ¿Sueles trotar en este parque?

    P2: Vengo siempre por las tardes,

    P2: Me encantan estos árboles,

P1: Si, el parque está siempre limpio,

    P2: Parece que lloverá esta tarde,

    P2: Me tengo que ir,

P1: Que tengas buena tarde,

P1: Fue un placer conocerte,

    P2: Espero te vaya muy bien,

    P2: Nos vemos luego.

This is an example of how you may finish a conversation in a polite way without saying "Adios."

Now it would be a good time to practice some answer on our own. Ahora sería un buen momento para practicas algunas respuestas por nuestra cuenta,

No rush: take your time to remember and go back if you need, the only purpose is to make you feel comfortable learning Spanish. I am always here to guide you and repeat as many times as you need,

No te apresures, toma tu tiempo para recordar y vuelve si lo necesitas, el único propósito es hacerte sentir cómodo aprendiendo español. Siempre estoy aquí para guiarte y repetir tantas veces como necesites, So, ¡¡Let´s practice!!

PRACTIQUEMOS

Como responderías las siguientes frases; ¿How would you answer the following phrases?

In the next questions, you may answer as you wish, using lesson one or lesson two, en las próximas preguntas puedes responder como mejor consideres, puedes usar la lección uno o la dos, I won´t show the translation, so feel free to go back If you have any doubt,

1. Hola, ¿cómo estás? ....
2. Este es mi perro Max ....
3. ¿Eres nuevo en el barrio? ....
4. ¿Estás casado? ....
5. ¿Como te llamas? ....
6. ¿De dónde eres? ....
7. ¿Dónde estás? ....
8. ¿Cuántos años tienes?
9. ¿Él es tu hermano?
10. ¿Cuánto le debo?
11. Can you spell – A U T O M O V I L?
12. Please name 5 things you can buy in a grocery store.
13. Necesito comprar pan fresco =
14. Hola, ¿qué tal tu día? ....
15. Can you spell: NIÑO?

¡Muy Bien hecho! Let´s continue,

LET´S EAT IN SPANISH.

COMAMOS EN ESPAÑOL

Ahora, sentemos a desayunar con algunos amigos, Now, let´s sit down to have breakfast with some friends,

We already know how to politely enter somewhere, but we need to learn how to order food, how to pay, and even how to congratulate the cook!

So, the best way to do it, is doing it. ¡La mejor forma de hacerlo, es haciéndolo!

Pay attention to the following phrases as you may practice easily around your neighborhood, it´s time to invite a friend to have a Spanish breakfast.

Let´s start.

Hola, buenos días,

- Mesa para cuatro personas por favor – Table for four people please.
- ¿Que tienes para desayunar? – What do you have for breakfast?
- ¿Me puedes traer huevos revueltos por favor? – Can you get me scrambled eggs please?
- ¿Me das un café sólo por favor? – Can you bring me a black coffee please?
- ¿Tendrás tocineta? – Would you have beacon?
- Café con crema – Coffee with cream,
- ¡Azúcar por favor, sugar please!
- No veo la sal, I can´t find the salt.
- ¿Tendrás salsas? Would you have any sauce?
- ¿Me das un vaso de agua por favor – Can you get a glass of water please?
- ¿Tendrás pan con mermelada por favor? – Do you have bread and jam please?
- Quisiera mantequilla – I would like some butter.
- ¿Tendrás jugo de naranja? – Would you have orange juice?
- ¿Qué jugos tienes? – What kind of juices you have?
- Quisiera un poco de pimienta – I would like some pepper.
- ¿Me podrías dar servilletas? Would you please give me some napkins?

These phrases are very important, but it´s more important to learn how to combine them with new vocabulary, estas frases son muy importante pero es aún más importante aprender a combinarlas con el nuevo vocabulario,

Want to see it? Let´s go for it,

Repeat out loud,

- Tocineta – beacon.
- Huevos revueltos – scrambled eggs.
- Café – Coffee.
- Leche – Milk.
- Crema – cream.
- Pan – bread.
- Jugo – Juice.
- Naranja – Orange.
- Magdalenas – Muffins.
- Salchichas – sausages.
- Panquecas – pancakes.
- Tenedor – fork.
- Cuchillo – Knife.
- Cuchara – Spoon.
- Servilleta – napkin.
- Plato – dish.
- Taza – cup.
- Vaso – glass.
- Mesa – table.
- Agua – water.

Good job!

Here you will find some important phrases to combine your new vocabulary: Aqui encontrarás algunas frases importantes para combinas con tu nuevo vocabulario,

- Tendrás un poco de…. Would you have some of….
- Me podrías dar un poco de… Can you get me some….
- Me puedes traer un poco de… Could you bring me some of…
- Tendrás…. Would you have….
- Quisiera un poco de… I would like some of…

Would you like to practice some combinations? ¿Te gustaría practicar algunas combinaciones?

I give you a word and you create the combination. I start,

Me puedes traer un poco de… agua por favor...

- Naranja
- Pan
- Tocineta
- Café
- Huevos revueltos,

¡Buen trabajo!

To finish this chapter, let´s congratulate the cook and pay the bill!! ¡Para culminar este capítulo, felicitemos al cocinero y paguemos la cuenta!

- ¡Por favor, felicite al cocinero de mi parte! – Please congratulate the cook for me.
- ¡La comida deliciosa! – Felicitaciones al cocinero – Delicious food, congratulate the cook.

LET´S PAY!

- La cuenta por favor – The Bill please.
- ¿Cuánto es la cuenta? How much is it?

¿Puedo pagar con tarjeta de crédito? – Can I pay with credit card?

Chapter 3
It's important to know your family members!

Hello again my friend, Hola de nuevo,

¡Espero estés disfrutando del viaje hasta ahora, I hope you are enjoying the journey so far!

Es hora de empezar el capítulo tres, It's time to start chapter three, hay muchas cosas que te enseñaré en este capitulo, there are many things I will teach you in this chapter so open your mind and let's learn how to talk to your family, about your family or even brag about a member of it.

¿Qué te gustaría aprender primero? What would you like to learn first?

Let's start with your direct family – Empecemos con tu familia directa,

Hablemos de Papá, Mamá y hermanos, Let's talk about dad, mom and siblings. In Spanish we usually use the words Mother and Father when we are talking in plural, and mom and dad when we refer to them as a singular person, you will hear more mamá y papá than mother and father, don't feel less polite If you do not use them. Here there are some examples of how to use mother or father.

Example: Un grupo de madres – A group of mothers.

Había varias madres en la reunión – There were several mothers in the meeting.

Había una mamá en la reunión – There was one mom in the meeting.

Celebraremos el día del padre – We will celebrate Father's Day.

- But don't worry about this, for now, use the one you feel comfortable with,

When you finish this chapter, you will be able to stablish a little conversation with a member of you family, ask for help and understand long phrases when you hear them,

Recuerda, cuanto más repitas y practiques, más rápido aprenderás español – Remember, ¡the more you practice the faster you learn!

¡Así que vamos! Let's go!

No rush, just concentrate and pronounce as a Spanish speaker. You got this,

Escuchemos VOCABULARIO primero, let's listen some vocabulary first y repite en voz alta.

Mamá – Mom   *Papá* – Dad   *Padres* – Parents

Madre(s) – Mother (s)   *Padre(s)*: Father(s)   *Hermano(s)* – Brother(s)

Hermana(s) – Sister(s)   *Hermanos* – Siblings   *Gemelo* – Twin brother

Gemela – Twin sister.

Did you get familiar with the words? ¿Te familiarizaste con las palabras?

Let´s do some phrases now.

- ¿Es ella tu mamá? – Is she your mom?
- ¿Es él tu papa? – Is he your dad?
- ¿Es él tu hermano? Is he your brother?
- ¿Es ella tu hermana? – Is she your sister?
- ¿Son ustedes hermanas? – Are you sisters?
- ¿Son ustedes hermanos? – Are you brothers?
- ¿Ustedes son hermanos (brothers and sisters)? Referring to - Are you siblings? There wouldn´t be any error in this phrase If you want to ask If they are brother and sister.
- Tu hermana es muy bonita – Your sister is very pretty.
- Mi hermana es muy bonita – My sister is very pretty.
- Mi mamá tiene dos hermanos, My mom has 2 brothers.
- Mi papá me llama todo el tiempo – My dad calls me all the time.
- Mi hermano es médico – My brother is a doctor.
- ¿Dónde está papa? – Where is dad?
- Mi hermana tiene dos hijos – My sister has two sons.
- Tengo un hermano gemelo – I have a twin brother.
- Tenga una hermana gemela – I have a twin sister.
- Venimos de una familia grande – We come from a big family.
- Venimos de una familia pequeña – We come from a small family.
- Mi familia es de Nueva York – My family comes from New York.
- Ellos son mis hermanos – They are my siblings.
- Quiero mucho a mi familia – I love my family very much.
- Mi hermana y yo somos muy unidos – My sister and I are very close.
- Estoy muy orgullo de mi mamá – I am so proud of my mom.

Now, why don´t we talk to your family? ¿Ahora porque no hablamos con tu familia? let´s put some images here, Image you are talking to your dad, and repeat out loud,

- ¿Hola papa, cómo estás? – ¿Hi dad, how are you?
- ¿Como estuvo tu día papá? – How was your day dad?
- ¿Qué tal el trabajo papá? – How is the work doing dad?
- Hey papa, quisieras dar un paseo esta tarde? – Hey dad, would you like to take a walk this afternoon?
- Gracias por tu tiempo papá – Thanks for your time dad,
- Juguemos futbol papá – Let´s play soccer dad.
- ¿Vienes papá? – Are you coming dad?
- Vamos en tu carro – Let´s take your car.
- ¿Me prestas veinte dólares papá? – Would you lend me twenty dollars dad?
- ¿Podemos ir en tu carro? - Can we take your car?
- Vamos por una cerveza – Let´s go for a beer.
- Almorcemos juntos papá – Dad, let´s have lunch together.
- De tal palo, tal astilla – like father, like son.
- Tengo el mejor padre del mundo – I have the best dad ever.

Ahora, veamos algunas frases que puedes decirle a mamá, now, some phrases you can tell your mom.

- Te ves hermosa hoy mamá, you look beautiful today mom,
- ¿Has visto mi teléfono mamá? – Have you seen my cellphone mom?
- ¿A dónde vas mamá? – Where are you going mom?
- ¿Quieres que te pase buscando mamá? – Mom, would you like me to pick you up?
- Siempre hablo con mi hermana – I always talk to my sister.
- ¡Gracias por la comida mamá! – Thanks for the meal mom!
- ¿Trabajas hoy mamá? - Are you working today mom?
- ¿Vienes a la reunión de madres esta tarde? – Are you coming to the mother's meeting this evening?
- Te llevo a desayunar mañana mamá – Mom, I'm taking you to breakfast tomorrow.
- ¿Mamá, nos tomamos un café? – Would you like a coffee mom?
- Tengo a la mamá más bella del barrio - I have the most beautiful mom in the neighborhood.
- Feliz Cumpleaños mamá – Happy Birthday mom.

The purpose of these phrases is you teach you how to combine them, so you may be able to mix them and say: ¿Como estuvo tu día hermano? Or Vamos en tu carro hermana,

Let's do a short exercise, Hagamos un pequeño ejercicio, please complete the phrase as you think it may be the right answer: you may use phrases from the previous chapters:

For example:

>*a.- person asks: ¿Ella es tu hermana?*
>
>*You: Si, ellos son mis hermanos.*

1.- *Mom:* **Hoy es un buen día….**

You: (¿nos tomamos un café mamá?)

2.- *You:* **Quiero ir a la playa hermano**.

You: (vamos en tu carro)

3.- **You: Me tengo que ir…**

>You: (Gracias por la comida)

4.- *You*: **¿A dónde vas mamá?**

>Mamá: (Tengo que hacer la compra)

5.- *You*: **Hoy es mi cumpleaños.**

>*Friend*: (Feliz Cumpleaños)

Let's take some time to learn about the rest of our family – Tomemos un tiempo para aprender del resto de nuestra familia,

First stop: VOCABULARY,

Abuelo – Grandpa.   ***Abuela*** – Grandma.   ***Tía*** – Aunt.   ***Tío*** – Uncle.   ***Primo***(s): Cousin.

Prima – cousin - when we talk about her – Ella es mi ***prim<u>a.</u>***   ***Padrino*** – Godfather.

Madrina – Godmother.   ***Padrinos:*** Godparents. ***Ahijados:*** Godchildren

Ahijado: Godson   ***Ahijada:*** Goddaughter. ***Nietos*** – Grandchildren

Nieto – Grandson.   ***Nieta*** – Granddaughter.   ***Sobrino:*** Nephew.

Sobrina: Niece.

Recuerda, once you learn the subjects, you will be able to combine sentences and make you own phrases.

- Mi Padrino se llama Charles – My godfather´s name is Charles.
- Tengo dos tías y tres tíos – I have two aunts and three uncles.
- Mi prima es dentista – My cousin is a dentist.
- Mi abuela tiene quince nietos – My grandma has fifteen grandchildren.
- ¿Cómo estás abuelo? – How are you grandpa?
- Mis abuelos tienen cincuenta años casados – My grandparents have been married for fifty years.
- Bienvenida a casa tía – Welcome home aunty.
- Mi mamá te espera tío – Mom is waiting for you uncle.
- Mi tío tiene cuatro hijos – My uncle has four sons.
- Mi primo Martin es ingeniero -My cousin Martin is engineer.
- Mi madrina está casada con un mecánico – My godmother is married to a mechanic.
- ¿Vienes a mi cumpleaños? - Are you coming to my birthday?
- Mis abuelos viven en Florida – My grandparents live in Florida.
- Mi abuela falleció hace dos años – My grandma passed away two years ago.
- Tengo una familia grande – I got a big family.
- Él es mi tío favorito – He is my favorite uncle.
- Ustedes son buenos primos – You are Good cousins.
- ¿Dónde está la abuela? – Where is grandma?
- Mi tía prepara los mejores pasteles que he comido – My aunt makes the best cakes I have ever eaten.
- Mi hijo es su ahijado – My son is her/his godson.
- Amo a mis sobrinos – I love my nephews.
- Tengo cuatro sobrinos y tres sobrinas – I have four nephews and three nieces.

¡Hagamos algunas oraciones! Let´s make some sentences: I would tell you some random words and you make a short sentence: Por ejemplo:

A.- Sobrina – (Niece)

- Mi sobrina y yo somos muy unidos – My niece and I are very close.

b.- Abuelo – (Grandpa).

c.- Mecánico.

d.- Café.

e.- Canadá.

f.- Pastel.

Very nice, keep practicing and never be afraid of going back and listen again, I am here and will go back with you as many times as you need. Ahora…

Pregunta sorpresa; Surprise Question: ¿Can you spell Abuelo please? A B U E L O …. Good job!!

From now on, you will find some surprise questions in the chapters, but don´t panic, I won´t grade your answer, let´s continue.

Let´s pick up where we left, Retomemos donde lo dejamos,

- ¿Cuántos sobrinos tienes? – How many nephews you have?
- ¿Cuántos hijos tiene tu hermana? – How many children does your sister have?
- ¿Quisieras tener hijos algún día? – Would you like to have children some day?
- Mi Sobrina es hija única – My niece is only child.
- Mi sobrino tiene ocho años – My nephew is eight years old.
- Él es mi Sobrino y mi ahijado – He is my nephew and godson.
- Mi hermana está embarazada de mi sobrina – My sister is pregnant with my niece.
- Llevaré a mis sobrinos al parque - I Will take my nephews to the park.
- ¿Puedes llevar a tu sobrina a la fiesta? – Could you take your niece to the party?
- Los abuelos de Milton viven muy lejos – Milton´s grandparents live far away.
- Mis padres vienen de una ciudad llamada Valdeluz – My parents come from a town named Valdeluz.

    Could you please help me translate this to Spanish?
    1.- My cousin is 15 years old.
    2.- Can I have a black coffee please?
    3.- Where is my aunt?
    4.- Is your mom coming to the party?

    Thanks, keep practicing!!

Let´s hear a short story about Milton and his grandparents. Please close attention,

I will tell it in English first so you may comprehend what it is about and connect more easily the whole story,

Once upon a time there was a boy named Milton who wanted to meet his grandparents, his parents always told him that they lived in a little village far away and that they did not have the economic resources to visit them, but Milton always had the illusion of one day meeting them, so He spoke to his Uncle José to help him find a way to earn some money, and since Milton was his favorite nephew, he did not hesitate to help him, Milton started washing cars on the weekends, and then his sister Camila joined him to collect money faster; After eight months, they gathered enough money for him and his family could travel to the small town to visit his grandparents.

From there they worked very hard to bring their grandparents to live with them, so little Camila and Milton were able to enjoy their grandparents more closely, and they grew up very happy.

Érase una vez un chico llamado Milton que quería conocer a sus abuelos, sus padres siempre le decían que ellos vivían en una ciudad muy lejos y que no tenían los recursos económicos para visitarlos, pero Milton siempre tenía la ilusión de algún día conocerlos, así que habló con su tío José para que lo ayudara a conseguir una forma de reunir dinero, y como Milton era su sobrino favorito, no dudó en ayudarlo, Milton comenzó a lavar carros los fines de semana, y luego su hermana Camila se unió a él para reunir el dinero más rápido; al cabo de ocho meses reunieron lo suficiente para que él y su familia viajaran al pequeño pueblo a visitar a sus abuelos.

A partir de ahí trabajaron muy duro para traerse a los abuelos a vivir con ellos, y así la pequeña Camila y Milton pudieron disfrutar de sus abuelos más de cerca, y crecieron muy felices.

Por cierto, sus abuelos se llamaban Hector y Patricia y eran de una pequeña ciudad llamada Valdeluz.

¿Puedo hacerte algunas preguntas de la historia? Can I ask you some questions about the story?

As I always tell you, don´t hesitate to go back and read or listen again, I won´t tell anyone,

Ahora, I just want to know If you comprehended, you could answer in English, but try to do it in Spanish.

    1.- Cual era el nombre de la pequeña ciudad? What was the name of the Little village?

    2.- Como pudieron Milton y Camila reunir el dinero? - How could Milton and Camila collect the money?

    3.- Quien es José en esta historia? Who is José in this story?

    4.- Hector era el papá de Milton? – Was Hector Milton´s dad?

    5.- Cuanto reunieron Milton y Camila?

You are doing great, recuerda practicar diariamente.

¡hasta hablar con una planta te ayudará con tu pronunciación! I count on you,

Last question, Cuantos años tienes?

Good!

¡Ahora, tomate un café y vuelve a empezar! Now, take a break, drink a coffee, and let´s start all over again.

Chapter 4
Look Smart around your colleagues!

Most common phrases, and the use of articles:

- EL – LOS – LA – LAS

¿Hola de nuevo, cómo estás?

Como ya lo sabes, pasamos mucho tiempo en el carro, así que debemos invertir ese tiempo en algo que nos ayude a desarrollarnos profesionalmente, y aprender español es una de las mejores opciones,

We spend lots of time in the car, so we should invest that time in something that helps us develop professionally, and learning Spanish is one of the best choices,

Plus, you can practice anywhere you stop!

Now I will teach you some interest topics you may talk with your teammates or colleagues, and how to use the most common articles:

Let´s start with the article: THE, in English, as you already know, we use this article with every noun, no matter If it is singular, plural, female or male but in Spanish, there are four choices and they would all depend on what you are talking about,

But don´t panic, they also follow some rules, they are not so many and once you get used to them, it will come easily.

¡Vamos a conocerlos primero! Let´s get to know them first: Repite conmigo!

El (singular) – Los (plural)

La (singular) – Las (plural)

El would refer to the article we must use when we talk about a male noun, we consider male nouns the following words: Repite en voz alta por favor,

Vocabulario – Vocabulary; Carro (Car); Vaso (Glass); Garaje (Garage); bolígrafo (Pen); Edificio

(Building); Mueble (furniture); Sol (Sun); Clima (Weather); Verano (Summer); Invierno (Winter).

Otoño (Autumn): Amor (Love); Pantalón (Pants) - Suéter (Sweater) – teléfono (Mobil) –

Dinero (money); Internet (Internet); Juego; (Game); Árbol - (Tree); Parque (Park); Perro (Dog); Animal

(Animal); Chico (Guy); Viaje (Trip); Ascensor (Elevator); Papel (paper);

Ahora, algunos ejemplos:

- <u>El</u> carro es un-Ford – The car is a Ford.
- ¿Puedo ver <u>el</u> carro? – Can I see the car?

- Quiero Comprar el carro, pero no me gusta ese color – I would like to buy the car but I don´t like that color.
- Quiero ir al juego esta noche – I want to go to the game tonight.
- El carro está en el garaje – The car is in the garage.
- Yo vivo en el edificio de al lado – I live in the building next door.
- Me gusta el horario de trabajo – I like the work Schedule.
- El ambiente laboral debe mejorar – The work environment should improve.
- Mi jefe es el mejor de todos – My boss is the best boss ever.
- El equipo de trabajo es el adecuado – The team is adequate.
- Finalmente obtuve el esperado aumento – I finally got the expected salary increase.
- ¿Quieres cambiar el turno conmigo? – Do you want to change shift with me?
- ¿Quién es el jefe aquí? – Who is the boss in here?
- El clima está estupendo hoy – The weather is great today.
- El internet está lento esta mañana – The internet is slow this morning.
- ¿Tomarás el ascensor? – Will you take the elevator?
- El teletrabajo ya es un hecho en muchas empresas – The telework is already a fact in many companies.

What If we see some phrases using "Los", First at all, do you know when to use "Los"? LOS means THE, in a male plural way, meaning, The cars, The boys, The books, etc.; en Español, we use the article "LOS" when we are going to talk about a male plural noun;

Let´s practice some vocabulary first:

Libros (books); horarios (Schedules); teléfonos (telephones); arboles (trees); Carros (cars); Edificios (buildings); Días (Days); Meses (Months), Años (Years); Trabajos (Jobs); Sonidos (sounds); Anillos (rings); Paquetes (Packages); audífonos (headphones); bolígrafos (pens); Zapatos (Shoes); Correos   (E-mails) – Juegos (games); Perros (dogs) – Deportes (Sports); países (countries)

- Los compañeros de trabajo llegaron tarde – The teammates came late today.
- Los días pasan muy rápido – Days go by real quick.
- Llegaron los paquetes esta mañana – The packages arrived this morning.
- Tengo que comprar los anillos – I have to buy the rings.
- Trae los bolígrafos por favor – Bring the pens please.
- Han sido los mejores cinco meses – It has been the best five months.
- Los edificios están muy cerca de mi casa – The buildings are very close to my house.
- ¿Trajiste los pares de zapatos? – ¿Did you bring the two pair of shoes?
- ¿Vas a llevar los niños al médico? – ¿Are you taking the kids to the doctor?
- ¿Recibiste los correos? – ¿Did you receive the emails?
- ¿Quieres ir a los juegos conmigo? – Do you want to go to the games with me?
- Los perros son muy fieles – Dogs are very loyal.
- ¿Te gustan los deportes? – Do you like sports?

- Los parques están abiertos – The Parks are open.
- Yo no conozco los países de Europa – I don´t know the countries in Europe.

Ahora, let´s experience some examples with **LA** – the female article for "The" – But first let´s learn some VOCABULARIO – Repite en voz alta cuantas veces quieras,

Casa (House) – Calle (street) – Primavera (Spring) – Computadora (Computer) – Camisa (shirt)

Corbata (Tie) – Empresa (company) – Comida (Food) – Camioneta (Truck) – Playa (Beach) – Vida (Life)

Cancha (Play Court) – Ciencia (Science) – Chica (Girl) – Fiesta (Party) – Reunión (meeting) –

Inversión (Investment) – Economía (Economy)- Educación (Education) – Grapadora (staple gun)

- Vamos a la casa – Let´s go to the house.
- Estoy vendiendo la computadora – I am selling the computer.
- Nos vemos en la cancha – Let´s meet at the play court.
- ¿Irás a la reunión? – Will you go to the meeting?
- ¿Te gusto la comida? - Did you like the food?
- Llevemos la camioneta – Let´s take the truck.
- Me gustó mucho la comida – I liked the food very much.
- No me gustó la comida – I didn´t like the food.
- La inversión fue buena – The investment was good.
- La tecnología cambió nuestra forma de comunicarnos – The Technology changed our way of communication.
- La inteligencia artificial dominará el mundo – The artificial intelligence Will dominate the world.
- La economía global mejorará a final de año – Global economy Will improve at the end of this year.
- ¿Crees en la vida en otros planetas? – Do you believe in life in other planets?
- Hagamos la reunión este viernes a las cuatro PM – Let´s do the meeting this Friday at 4:00PM.
- La supervisora me llamó a una reunión – (This refers to a girl supervisor, so we use "LA") – The supervisor called to a meeting.
- La educación es la base de un país – The education is the base of a country.
- La vida está llena de aventuras – Life is full of adventures.
- La transformación digital está aquí – Digital transformation is here.

Pregunta sorpresa; Surprise Question: ¿Can you spell VERANO please? V E R A N O…. Good job!!

Keep practicing the letters, you will be reciting the abecedary in no time.

Continuemos con nuestro artículo en plural **"LAS"**

You may use this article when you talk in plural about female objects – I will teach you some VOCABULARIO, and you can then make your own combinations; repite conmigo por favor, en voz alta so I can hear you,

Escaleras (Stairs) – Criptomonedas (cryptocurrencies) – Sillas (Chairs) – Ciudades (Cities) –

Empresas (companies) – Casas (Houses) – Preguntas (preguntas) – Familias (Families) – Islas (Islands)

Playas (Beaches) – Naranjas (Oranges) – Clases (Classes) – Aventuras (Adventures) – Plantas (Plants)

Redes Sociales (Social Networks) – Toallas (Towels) – Herramientas (Tools) – Ventas (Sales)

- Tomaré las escaleras – I will take the stairs.
- Tomaré las escaleras contigo – I will take stairs with you.
- Las grandes potencias mundiales.
- He invertido demasiado en las criptomonedas – I have invested too much in the cryptocurrency.
- Me gustan las playas de este país – I like the beaches of this country.

- ¿Puedes traer las sillas por favor? – Could you bring the chairs please?
- Las clases empiezan en septiembre – The classes begin in September.
- Las aventuras de la vida – Life´s adventures.
- ¿Quieres ver las cataratas del Niágara? Do you want to go see Niagara Falls?
- Las plantas de mi jardín tienen flores – The plants of my garden has flowers.
- ¿Quieres visitar las islas este verano? – Would you like to visit the island this summer?
- Recuerda traer las toallas - Remember to bring the towels.
- Usa las herramientas de trabajo – Use the work tools.
- Tomas las horas que necesites – Take the hours you need.
- Las ventas han aumentado – The sales has increased.

Ahora practiquemos algunas frases para el trabajo – Now, let´s practice some phrases you may use in your workplace.

- Trabajo como contable – I work as an accountant.
- Tú eres el director/manager? – Are you the manager?
- Tengo turno de mañana hoy – I work the morning shift today.
- Esta semana tengo la agenda apretada – I have a tight Schedule this week.
- ¿Me puedes cubrir el sábado? – Could you cover for me next Saturday?
- ¿A qué hora es la reunión? – What time is the meeting?
- ¿Me puedes imprimir esto por favor? – Could you print this out for me please?
- Soy el nuevo becario – I am the new intern.
- ¿Dónde trabajas? – Where do you work?

- El jefe me ha llamado a su oficina – The boss has called me into his/her office.
- No podemos perder la fecha limite – We can´t miss the deadline.
- Me gustaría tu opinión al respecto – I would like your opinion on this.
- ¿Sabemos algo de los proveedores? – Have we Heard from the suppliers?
- Mi jefe es muy exigente – My boss is really demanding.
- Quisiera aplicar por un trabajo – I would like to apply for a job.
- Me gustaría un trabajo a tiempo completo – I would like a full-time job.
- Me gustaría un aumento salarial – I would like a salary increase.
- Siempre hago horas extras – I always do over time.
- ¿Cuál es tu salario bruto? – What is your gross salary?
- ¿A qué Departamento perteneces? – What department you belong to?
- Vengo por una entrevista – I am here for an-interview.
- ¿Quién es el director de recursos humanos? – Who is the HR manager?
- Ella es la directora del departamento – She is the head of department.
- Espero lleguemos a los objetivos trimestrales – I hope we reach the quarterly goals.
- Yo creo que serás promovido muy pronto – I believe you Will be promoted pretty soon.
- La máquina de café se ha dañado nuevamente – The coffee machine has broken again.
- La impresora se quedó sin papel – The printer is out of paper.
- No soporto a mi jefe – I can´t stand my boss.
- ¿A qué hora es tu descanso para almorzar? – What time is your lunch break?
- Mi descanso para almorzar es a las dos – My lunch break is at 2.
- Lo haré de inmediato – I will get right on it.

- Espero que trabajemos juntos – I´m looking forward to working together.
- Vamos a hacerlo – Let´s get it done.
- ¿Necesitas una mano con eso? – Would you like a hand with that?
- ¿Me das un consejo sobre esto? – Could I have your advice on this?

Hagamos algunos ejercicios antes de continuar con las frases en el trabajo. Let´s do some exercises before continuing with the phrases at work: Por favor, responde en español.

1.- Donde trabajas?

2.- Te gustan los deportes?

3.- Quieres visitar las islas este verano?

4.- Cual es tu salario bruto?

5.- Como estás hoy?

6.- Cuantos sobrinos tienes?

7.- Cuantos años tienes?

8.- A qué hora es tu descanso para almorzar?

9.- Puedes hacer mi turno el sábado?

10.- Cuantas herramientas tienes?

Escuchemos un pequeño artículo, let´s hear short article about digital transformation:

La evolución del trabajador en la transformación digital

La tecnología ha llegado a nuestras vidas y a nuestras oficinas para quedarse, en algunos casos nos saca de la oficina y en otros solo nos mueve a casa. Herramientas como el internet ha hecho de la disponibilidad algo casi ilimitado, los correos electrónicos y el whatsApp son los responsables de que estés disponible casi 24 horas, ya que tu jefe o tus amigos creen poder contactarte a cualquier hora.

Esa transformación digital está calando en lo más profundo de las empresas, y habitualmente se habla de una mutación desde adentro, donde mucho pasarán a trabajar desde casa, y otros serán sustituidos por esta tan preciada tecnología, es por ello por lo que los empleos en comunicación y tecnología crecen rápidamente, así que no te quedes por fuera y descubre a cuál departamento quisieras pertenecer. ¡Evoluciona como trabajador!

Now, I Will read it in English so you may clear any doubt.

Technology has arrived at our lives and our offices to stay; in some cases, it gets us out of the office and in some others, it just moves us to our homes. Tools such as internet has made of our availability something almost unlimited, emails and Whatsapp are responsible of you being available almost 24 hours a day, boss and friends truly believe they can contact you at any time.

This digital transformation is penetrating the depths of companies, and there is usually talk about a mutation from the inside, where many will go to work from home, and others will be replaced by this precious technology, this is the reason why jobs in communication and technology are growing so quickly, so don´t stay out and discover which department you would like to belong to. Evolve as a worker!

Did you like it? – hear it as many times as you like and get familiar with some words and phrases, you may hear it again before answering some questions, I just would like to know If you are starting to comprehend long sentences.

      1.- Cuales herramientas se mencionan en el artículo? (What tools are mentioned in the article?).

      2.- Quien te contacta a cualquier hora? (Who contacts you at any time?)

      3.- Que trabajos crecen rápidamente? – (¿What Jobs are growing quickly?)

      4.- A qué Departamento quisieras pertenecer? – What department you would like to belong to?

I hope you enjoyed this chapter and learned as much as possible, remember; the more you practice the quicker you learn! I hear you in chapter five, but before you go,

Can you Spell Internet for me please? – I   N   T   E   R   N   E T…

There you go!!

Chapter 5
Your hobbies also want to be enjoyable in Spanish!

¡Hola, bienvenidos nuevamente!

Felicidades, has aprendido mucho hasta ahora, ¡sigue practicando! Congratulations, you have learned a lot so far, when we finish this chapter you will be able to talk about your interests and share some moments with friends; we will also learn usual verbs to enjoy your hobbies such as to Want – To Like – To Go – To Walk – to Cook – To paint – To read – to Draw – To Play – to Eat – To Sing – To love and some others.

¡Empecemos con los verbos!

Verbo = Querer (To want)

This verb is regularly used in Spanish as it is in English and it has a "courtesy formula" what makes it more polite and correct at any time, but more when we need to express some intension, desire, or petition; ***Quisiera***, this means **would want.**

In the other hands, we have **"Querer",** this verb would express a fact; something we want without hesitation. Quiero hablar contigo – I want to talk to you. (Facts)

Por favor, note that we can combine this verb with any other, let´s go for it...

Practiquemos algunas frases con Quisiera – pero primero, como siempre, repasemos vocabulario.

VOCABULARIO

1.- Fin de semana (Weekend) 2.- Cocinar (Cook) 3.- Películas (movies) 4.- videojuegos (Videogames)

5.- Teatro (Theater) 6.- Instrumentos (Instruments) 7.- Libros (Books) 8.- Revistas (Magazines)

9.- Cartas (cards) 10.- Baile (Dance) 11.- Museo (Museum) 12.- zoológico (Zoo) 13.- Viajar (Travel)

14.- Concierto (Concert) 15.- Playa (Beach) 16.- Río (River) 17.- Montaña (Mountain) 18.- Ejercicios (exercises) 19.- Siesta (Nap) 20.- Gimnasio (Gym) 21.- Helado (Ice cream) 22.- Iglesia. 23.- Pasatiempo (hobby).

Here some common phrases using Would Want:

- <u>Quisiera</u> jugar futbol este fin de semana – I <u>would want to play</u> soccer this weekend. (Intension)
- <u>Quisiera</u> ir a México el año que viene – I would want to go to Mexico next year. (Intension)
- <u>Quisiera</u> tener más tiempo libre – I would want more free time (Desire)
- <u>Quisiera</u> hacer una reservación por favor – I would like to make a reservation please (petition)
- <u>Quisiera</u> hablar con mi papá – I would like to talk to my dad (Petition).
- ¿Tú <u>quisieras</u> un perro? – Would you want a dog? (Asking for intention).
- <u>Quisiera</u> visitar a mis abuelos este año – I would want to visit my grandparents this year. (Intension)
- <u>Quisiera</u> mi teléfono por favor – I would want my telephone please – (Petition)
- Quisiera bailar contigo – I would want to dance with you – (Desire). It does not sound very good If we say Quiero bailar contigo (I want to dance with you), it sounds like an imposition.

Let´s try some phrases without the "courtesy formula".

- Quiero contarte algo – I want to tell you something.
- ¿Quieres venir conmigo? – Do you want to come with me?
- Quiero comprarme ese carro – I want to buy that car.
- ¿Quieres café? – Do you want coffee?
- ¿Quieres comer? – Do you want to eat?
- Quiero cortar el césped – I want to cut the grass.
- Queremos subir a la montaña rusa – We want to ride the roller coaster.
- Todos queremos ir – We all want to go.
- Queremos ir al cine esta noche – We want to go to the movies tonight.
- ¿Quieren ir a la fiesta con nosotros? – Do you guys want to go to the party with us?

Would is an auxiliary verb that can be used in English to talk about hypothetical situations, but in Spanish it gives a termination "ía" sound to every verb. So, if you say, "I would eat", in Spanish it sounds "Yo comerÍA" – I would go (Yo IrÍA), I would walk (Yo caminarÍA), pero no te preocupes, it will come to you, just start with some verbs and soon enough you´ll be talking in Spanish.

¡Continuemos!

Verb "To Like" = Gustar; it is a transitive verb, it also represents a positive opinion, feedback in social network or even express a feeling.

Its "courtesy formula" is: Would like = Gustaría – This verb expresses a desire.

¡Escuchemos algunos ejemplos! Let´s hear some examples of verb "Verb "To Like".

- Me gusta pintar contigo – I like painting with you –
- Me gusta caminar contigo – I like walking with you.
- ¿Te gusta venir a mi casa? – Do you like coming to my house?
- ¿Te gusta ese chico? – Do you like that guy? – In Spanish If we ask" Te gusta él/ella?" it always means affectively (attracted to) – so, never use the verb "Gustar" to ask If someone is nice or If it´s good to you.
- Me gusta ir de compras – I like going shopping.
- Me gusta mucho ir al cine – I like going to the movies very much.
- Me gusta esa chica – I like that girl.
- Me gustan las hamburguesas con papas – I like hamburgers with French fries.
- ¿Te gusta hablar conmigo? – Do you like talking with me?
- Me gustas – I like you – I am attracted to you. (Always)
- ¿Qué hobbies te gustan? – What hobbies do you like?
- Me gusta entrenar - I like working out.

Ahora, practiquemos con nuestra "courtesy formula".

- Me gustaría jugar videojuegos contigo – I would like to play videogames with you.
- ¿Te gustaría jugar pool esta tarde? – Would you like to play pool this afternoon?
- ¿Les gustaría ir a navegar el fin de semana? – Would you like to go sailing this weekend?
- Que, si nos vamos de camping hoy, ¿te gustaría? – What If we go camping today, would you like that?
- ¿Te gustaría jugar bolín el viernes? – Would you like to play bowling this Friday?
- Me gustaría aprender la jardinería – I would like to learn gardening.

- ¿Les gustaría aprender a nadar? – Would you like to learn how to swim?
- ¿Como le gustaría el café? – How would you like the coffee?
- ¿Te gustaría ir a la playa el domingo? – Would you like to go to the beach on Sunday?
- ¿Qué deporte te gustaría aprender? – What sports would you like to learn?
- ¿Te gustaría cambiar el carro este año? – Would you like to change the car this year?
- Me gustaría entrenar - I would like to work out.

Now you have some tools to combine and start making your own phrases,

Recuerda, we will use our "courtesy formula" with every verb in this chapter, continuemos con el verbo **To Love**, pero aprendamos más vocabulario primero, here I can give you another tip, challenge yourself to memorize veinte palabras al día, this will help you a lot and make the learning process more comfortable.

Repite cuantas veces quieras,

1.- Guitarra (Guitar) 2.- Ciclismo (Cycling) 3.- Pesca (Fishing) 4.- Senderismo (Hiking) 5.- Paracaidismo (parachuting) 6.- Costura (Sewing) 7.- Patinaje (Skating) 8.- Canto (Singing) 9.- Fotografía (Photography) 10.- Dardos (Darts) 11.- Ajedrez (Chess) 12.- Carpintería (Carpentry) 13.- Esquí (Skiing) 14.- Buceo (Diving) 15.- Golf (Golf) 16.- Artes Marciales (Martial Arts) 17.- Montar caballo (Ride horse) 18.- Boxeo (Box) 19.- Trotar (Jog) 20.- Correr (Running) 21.- Dados (dices)

El verbo To Love has different meanings like in English, you can use it to express your love for someone or something and to express when you really like something.

Empecemos,

- Me encantan los días soleados – I love sunny days.
- Me encanta salir a trotar por la mañana – I love to jog in the morning.
- Me encanta tocar guitarra, es mi pasión – I love to play guitar, it's my passion.
- ¿Te encanta venir al cine, cierto? – You love coming to the movies, don´t you?
- Me encanta el helado de chocolate – I love chocolate ice cream.
- Es algo que me encanta hacer – It´s something I love to do.
- A los niños les encanta – Kids love it.
- Es lo que me encanta de ti – this is what I love about you.
- Me encanta mi trabajo – I love my job.
- ¿Qué te encanta de mí? – What do you love about me?
- Te Quiero – I love you.
- Te Amo – I love you.
- Me encanta – I love it.
- Me encanta jugar ajedrez - I love to play chess.
- Me encanta como cantas – I love how you sing.

Ahora, usemos nuestra "courtesy formula" = Would Love, **Encantaría.**

- Me encantaría tocar la nieve – I would love to touch the snow.
- Me encantaría verte feliz – I would love to see you happy.
- ¿Qué te encantaría que cambiara? What would you love me to change?
- Es algo que me encantaría hacer antes de regresar – It´s something I would love to do before I go back.

- Me encantaría aprender a jugar golf – I would love to learn how to play golf.
- Me encantaría aprender cualquier deporte extremo – I would love to learn any extreme sport.
- Me encantaría nadar como tú – I would love to swim like you.
- Me encantaría ir de pesca contigo – I would love to go fishing with you.
- Me encantaría escribir un libro – I would love to write a book.
- Me encantaría ir a Italia pronto – I would love to go to Italy soon.

- Me encantaría invitarte a cenar – I would love to invite you to dinner.
- Me encantaría ganar el premio a la fotografía – I would love to win the award for photography.
- Me encantaría conocerte más – I would love to get to know you more.
- Me encantaría visitar el siglo 22 y volver – I would love to visit century 22 and come back.
- Me encantaría coleccionar dados – I would love to collect dices.

Ahora, hagamos un ejercicio, I give you some words and you build your own phrase with any of the verbs already practiced.

-Teatro	- Montaña	- Fotografía	- Senderismo	- Concierto	- Café
- Carpinteria	- Buceo	- Nadar	- Trotar	- Playa	- Helado

Please keep practicing and remember to go back If you have doubts. Ahora antes de continuar,

Pregunta sorpresa; Surprise Question: ¿Can you spell AJEDREZ please? A J E D R E Z …. I know it may be a strange word, but it has easy letters, can you try again? A J E D R E Z… Good!

Let´s keep working,

You have learned two main verbs and their "courtesy formula", these two verbs may be used as the base of almost every conversation you may have, but we also need to talk about other important verbs,

El verbo *IR*, To Go, this verb is usually accompanied by another, por ejemplo:

We may use the verb "IR" by itself: Repite conmigo!

- Voy a la reunión – I go to the meeting.
- Voy en carro – I go by car.
- ¿Vas en carro? – Do you go by car?
- Voy contigo – I go with you.
- Voy a tu casa – I go to your house.
- Voy cada mañana – I go every morning.
- Es hora de irnos – It´s time to go.

But it sounds better when we combine it with another one, por ejemplo:

- Me encantaría ir a tu casa – I would love to go to your house.
- Me tengo que ir – I must go.
- No quiero ir al concierto – I don´t want to go to the concert.
- Tengo que ir a clases – I´ve got to go to class.
- ¿Quieres ir a correr conmigo? – Do you want to go running with me?

- ¿Quieres ir a nadar esta noche? – Do you want to go swimming tonight?
- Quisiera ir en avión – I would want to go by plain.
- Tienes que ir a visitarme en San Pedro – You have to go visit me in San Pedro.
- Estoy ansioso por ir – I am eager to go.
- Podemos ir a cualquier parte – We can go anywhere.
- Tienes que ir al médico – You´ve got to go to the doctor.
- Decidí ir, y valió la pena – I decided to go, and it was worth it.
- ¿Quieres ir a la iglesia el domingo? – Do you want to go to the church next Sunday?

Ahora veamos algunas frases con otros verbos,

- Yo corro tres veces por semana – I run three times a week.
- Me encanta pintar, es una afición de pequeño – I love to Paint, it´s a hobby since a kid.
- Dibujo profesionalmente – I draw professionally.
- Tengo que pintar profesionalmente para participar – I have to Paint professionally to participate.
- ¿Te gusta tocar la guitarra? – Do you like to play guitar?
- ¿Quieres cocinar para un grupo? – Do you want to cook for a group?
- Cocinar no es un pasatiempo, es una pasión – Cooking is not a hobby, it´s a passion.
- Me encantaría aprender a cocinar – I would love to learn how to cook.
- ¿Me enseñas a cocinar como tú? – Would you teach me how to cook like you?
- ¿Te gusta jugar tenis? – Do you like playing tennis?
- Quisiera cantar profesionalmente en tres años – I would want to sing professionally in three years.
- Cuando tengo tiempo, me encanta viajar – When I have time I love to travel.
- Mis hijos son aficionados al futbol – My children are soccer fans.
- En mis ratos libres, me gusta dedicarme a la jardinería - In my free time I like to dedicate myself to gardening.
- Colecciono antigüedades – I collect antiques.
- ¿Tienes alguna afición? - Do you have any hobbies?

How is it going so far? –

Let´s read a short story and answer some questions, I won´t tell it in English this time but I will user common words so you may understand.

Aquí vamos;

EL ARTE DE LOS JUEGOS

¿Sabías que los juegos se inventaron hace muchos años? – Los pasatiempos o Hobbies son parte de nuestra cultura desde casi el inicio de los tiempos y siempre han ayudado a las personas a relacionarse, divertirse y han estado ligados a temas como el amor, el poder y el destino.

Los juegos de mesa son de los más antiguos pasatiempos de la humanidad, siendo los dados y las tablas los elementos clave; pero los dados fueron prohibidos por la iglesia en varias oportunidades, pero no pudieron eliminarlos y tuvieron gran éxito en el occidente medieval durante el siglo doce.

Luego empezamos a agregar otros juegos y formas de diversión y pasatiempos.

I would like to finish this chapter with some questions about this little story:

    1.- Quien prohibió los dados? – Who prohibited the dices?

    2.- Cuando se inventaron los juegos? – When were the games invented?

    3.- Cual es tu pasatiempo favorito? – What is your favorite hobby?

You are doing a good job, now you can make any combination you like and start talking about hobbies with your friends.

Take a rest, I will see you in the next chapter.

Chapter 6
What Do I have in my house?

These phrases would help to know the appliances and objects we have in our house,

Bienvenido nuevamente,

This journey has been amazing, don´t you think? We have learned important phrases, verbs and vocabulary using the best technique, by repeating and memorizing words and phrases, like a child does.

In this chapter we will go around your house, learn some new verbs and even repair a few broken appliances, así que ponte cómodo y como siempre, disfruta del viaje!

Empecemos con nuestro acostumbrado Vocabulario.

1.- Espectacular (Amazing) 2.- Casa (house) 3.- Baño (Bathroom) 4.- Dormitorio/Habitación (Bedroom) 5.- Comedor (Dining room) 6.- Cocina (Kitchen) 7.- Sala (Living room) 8.- Sótano (Basement) 9.- Ático (Attic) 10.- Patio trasero (Back yard) 11.- Garaje (Garage) 12.- Bodega (Cellar) 13.- Jardín (Garden) 14.- Cuarto de servicio (Utility room) 15.- Estudio (Study) 16.- Lavandero (Laundry room) 17.- Pasillo (Hall) 18.- Porche (Porch) 19.- Patio (Patio) 20.- Entrada (Driveway) 21.- Agua caliente (Hot water) 22.- Agua Fria (Cold water).

Ahora, let´s visit part of our house, use some verbs and learn more vocabulary.

Let´s meet our **bathroom**.

En mi baño tengo (In my bathroom I have:)

- Tengo una bañera - I have a bathtub.
- Tengo una poceta – I have a toilet.
- Tengo una ducha – I have a shower.
- Tengo un gran espejo – I have a big mirror.
- Tengo un lavamanos – I have a sink.
- No tengo bidé – I don´t have bidet.
- Tengo un bidé – I have a bidet.

Ahora, algunas frases: (Now, some phrases)

- ¿Me traes el champú por favor? – Could you bring me the shampoo, please?
- Me quedé sin afeitadora – I ran out of shaver.
- Siempre tengo uno o dos jabones en el gabinete – I always have one or two soaps in the cabinet.
- ¿Puedo usar tu baño por favor? – May I use your bathroom please?
- ¿Has visto mi cuchilla de afeitar? – Have you seen my razor?
- Tenemos que comprar más pasta de dientes – We need to buy more toothpaste.
- ¿Me traes el taburete por favor? – Could you please bring me the stool?
- Usualmente usamos gel de ducha – We usually use shower gel.
- Siempre guardo el cepillo para el cabello en el gabinete – I always keep the hair brush in the cabinet.
- ¿Tienes un botiquín de medicinas? – Do you have a medicine cabinet?
- ¿Dónde está mi cepillo de dientes? - Where is my toothbrush?

- Está sobre la repisa – It´s on the shelf.
- ¿Abriste el grifo? – Did you open the faucet?
- ¿Has visto la esponja? – Have you seen the sponge?
- No hay agua caliente – There is not hot water.
- Yo uso un poco de loción después de afeitarme – I wear some lotion after shaving.
- ¿Has visto mi peine? – Have you seen my comb?
- Cierra la cortina por favor – Close the shower curtain please.
- No mojes la alfombra de baño – Don´t get the bath mat wet.
- ¿Quieres un poco de sales de baño? – Would you want some bath salts?
- Necesito tomar un baño – I need to take a shower.
- Cepíllate los dientes antes de salir – Brush your teeth before going out.

With these phrases you will be able to make your own sentences and phrases; practiquemos algunas combinaciones fáciles. (Easy combinations)

What words would you use in these exercises?

   1.- Donde está mi_____?
   2.- Necesitamos Comprar_____?
   3.- Puedo usar_____?
   4.- Necesito_____!!
   5.- ¡No tengo_____, necesitamos Comprar!
   6.- Donde guardas_____?

¡Buen trabajo! ¡Ahora, make your own combinations and keep practicing! They are phrases you may use on daily basis. Now, let´s go to the kitchen, it´s a very common place to have friends.

¡Aquí estamos! Here we are, **in the kitchen**… Que tenemos aquí? What do we have here?

- Tenemos electrodomésticos – We have household appliances.
- Tengo un horno – I have an oven.
- Tenemos microondas – We have a microwave.
- Tienes un lavavajillas – You have a dishwasher.
- Tenemos dos tostadoras – We have two toasters.
- Tenemos una nevera – We have a fridge.
- Tienes una cocina – You have a stove.
- Tenemos la lavadora – We have the washer machine.

Ahora, algunas frases comunes con más vocabulario.

- No tengo cuchara para mi sopa – I don´t have a spoon for my soup.
- ¿Tienes la lavadora en la cocina? – Do you have the washer machine in the kitchen?
- ¿Me traes un cuchillo por favor? – Would you bring me a knife please?
- Qué bonita cubertería – What a beautiful cutlery.
- La licuadora está en la encimera – The blender is on the counter.
- Hagamos un poco de café – Let´s make some coffee.
- ¿Dónde tienes la cafetera? – Where do you have the coffee pot?
- Pon todo en el fregadero – Put everything in the sink.
- ¿Cocinas esta noche? – Are you cooking tonight?
- Necesito una cazuela - I need a saucepan.
- Te llevo tenedores, cuchillos, cucharas y platos – I am bringing forks, knives, spoons and dishes.

- ¿Puedes botar eso en la basura por favor? – Can you put that in the garbage please?
- ¿Cuántas tazas tienes en casa? – How many cups you have at home?

- Necesito un sacacorchos – I need a corkscrew.
- ¿Me puedes pasar el abrelatas por favor? – ¿Can you pass me the can opener please?
- Pondré el jugo en la jarra – I will put the juice in the jar.
- Todo va en el gabinete – Everything goes in the cabinet.
- ¿Puedes lavar la licuadora cuando termines por favor? – Could you wash the blender when you finish please?
- Necesitarías un sartén, sal y pimienta – You would need a frying pan, salt and pepper.
- Necesito unas tijeras para cortar esta bolsa – I need scissors to cut this bag.
- ¿Quieres una olla más grande? – Do you want a bigger pot?
- La ensalada va en un tazón/bol – The salad goes in a bowl.
- En España el café se bebe en vaso – In Spain they drink their coffee in glasses.
- ¿Como quieres la tostada? – How do you want your toast?

¡Como en los ejemplos del baño, con esas oraciones puedes crear tus propias combinaciones e ir practicando diariamente!

I always recommend putting some stickers in the most used appliances so you become familiar with the sound; this would help you understand the words as soon as you hear them.

Let´s jump to the most comfortable place in the house, nuestro **Dormitorio / Habitación o Cuarto**.

¿Que tenemos en nuestro dormitorio? What do we have in our bedroom?

- Tenemos una gran cama – We have a big bed.
- Tengo dos mesitas de noche – I have two nightstand tables.
- Tienes un armario – You have a closet.
- Tenemos una cajonera – We have a chest of drawers.
- Tenemos un Espejo – We have a mirror.
- Tengo un gran televisor – I have a big tv.

Ahora presta atención a las frases más comunes que podemos usar en el dormitorio – Now pay attention to the most common phrases we can use in the bedroom.

- ¿Puedes poner la alarma por favor? – Can you set the alarm please?
- Apagaré la lampara de leer – I am turning off the reading lamp.
- Necesitamos Comprar ganchos/perchas – We need to buy hangers.
- ¿Cuántas mantas tenemos? – How many blankets do we have?
- Necesitamos más mantas para los niños -We need more blankets for the kids.
- Este colchón está algo viejo – This is an old mattress.
- ¿Tienes literas en la otra habitación? – Do you have bunk beds in the other room?
- Ella tiene un tocador muy bonito – She has a beautiful dressing table.
- Tengo dos joyeros – I have two jewel-cases.
- ¿Puedes traer las fundas de almohadas por favor? – Could you bring the pillow cases please?
- Tenemos una gran alfombra en la habitación – We have a big carpet in the bedroom.
- ¿Qué tipo de cama tienes? – What kind of bed you have?
- Tengo una cama de matrimonio – I have a double bed.
- ¿Cuántas almohadas tienes? – How many pillows you have?

- Cambio las sabanas una vez a la semana – I change the sheets once a week.
- Necesito un edredón – I need a quilt.
- ¿Ves televisión antes de dormir? – Do you watch tv before sleep?
- Suelo irme temprano a la cama – I usually go to bed early.
- Siempre me acuesto tarde – I always go to be late.
- Desearía descansar hoy – I wish I could rest today.
- Pasé una mala noche – I had a bad night.
- Hizo frio anoche - It was cold last night.
- Hizo calor anoche – It was hot last night.
- ¿Puedes encender la lámpara de leer? – Can you turn on the reading lamp please?

Ahora, te ayudaré con algunas combinaciones y luego haremos algunos ejercicios: I will help you with some combinations and then we practice your own ones.

1.- Necesitamos una cama de matrimonio en la habitación – We need a double deb in the room.

2.- Quieres almohadas? – Do you want pillows?

3.- Donde están los ganchos? – Where are the hangers?

4.- Las sabanas están en el closet – The sheets are in the closet.

5.- No tengo lampara de leer – I don´t have reding lamp.

These are just some examples of what we can create once we learn some phrases, let´s practice some of your ideas, just complete the sentence with your creation:

1.- Puedes traer_____?

2.- No tengo_____.

3.- Quisiera una_____.

4.- Me encantaría_____.

5.- No quiero_____.

You are doing Good, just keep practicing and you will do great!

Let´s move on to the next room: **The Dining room**,

In here we may find some interesting objects too, so let´s start with what we obviously see as soon as we walk in.

- Tenemos mesa de comedor – We have dining table.
- Tenemos también sillas – We also have chairs.
- Ella tiene una gran estantería – She has a big sideboard.
- Tenemos jarrones – We have vases.
- Tenemos tapetes – We have rugs.

But we also have some other things and would need to learn some useful expressions.

Pay attention:

- Tenemos botellas dentro de la estantería – We have bottles in the sideboard.
- Me gusta ponerle sal a la comida – I like to put salt in my food.
- ¿Me pasas el pimentero por favor? – Can I have the pepper shaker please?
- ¿Tienes salero? – Do you have saltshaker?
- Utilizaremos la mejor vajilla para la cena – We will use the best crockery for dinner.

- Tenemos vino – We have wine.
- Traeré servilletas – I will bring some napkins.
- No encuentro el servilletero – I can't find the napkin holder.

Ahora, practiquemos algunas expresiones que serán muy útiles. Let´s practice some expressions that may be very useful.

- Gracias por la cena – Thanks for dinner.
- La comida está increíble – This food in amazing.
- Soy vegetariano – I am vegetarian.
- ¿Qué sueles comer? – What do you usually eat?
- Me encanta la comida casera – I love home-cooked meal.
- Ha sido una noche placentera – It´s been a pleasant night.
- Muchas gracias por la invitación – Thank you very much for inviting me.
- ¿Como te gusta la carne? – How do you like your meat?
- Me gusta a la plancha – I like it grilled.
- ¿Te gustan los huevos escalfados? – Do you like poached eggs?
- Todo está muy rico – Everything tastes great.
- Ya viene el postre – Dessert is coming.
- ¿Qué puedo traer para la cena? – What can I bring to dinner?
- Nos gustaría invitarlos a almorzar – We would love to invite you to lunch.
- Nos vemos mañana a las ocho – We will see you tomorrow at eight.
- ¿Quieren tomar algo antes de cenar? – Would you like to have a drink first?
- Traeré algún aperitivo – I will bring some appetizer.
- Delicioso – Delicious.
- ¡Ya he acabado, gracias! – I am finished, thanks!
- ¡Ya estoy bien, gracias! – I am all set, thanks!

These common phrases could help you look good in a dinner invitation and serve as the basis for your own sentences.

Let´s keep going around the house and find some other things.

Vocabulario

1.- Balcón (Balcony) 2.- Buzón (Mailbox) 3.- Piscina (pool) 4.- Ventana (Window) 5.- Pared (wall) 6.- Piso (Floor) 7.- Cerca (fence) 8.- Puerta (Door) 9.- Chimenea (Chimney) 10.- Timbre (Doorbell) 11.- Terraza (Terrace) 12.- Techo (Ceiling) 13.- Aire Acondicionado (Air conditioning)

14.- Calefacción (Heating) 15.- Escaleras (Stairs) 16.- Cerradura (Lock) 17.- césped (Lawn) 18.- Puerta (gate) 19.- Manija de Puerta (Door handle) 20.- Ventilador (fan) 21.- Aspiradora (vacuum cleaner) 22.- Productos de Limpieza (Cleaning products).

Let´s hear some new verbs and actions that may be helpful.

- Necesito reparar la cerca – I need to repair the fence.
- Cortaré el césped el domingo – I will cut the lawn on Sunday.
- La Puerta está dañada – The door is damaged.
- Déjame echarle un vistazo primero – Let me take a look at it first.
- La calefacción no está calentando – The heater is not heating.
- Quiero pintar el balcón esta tarde – I want to paint the balcony this afternoon.
- El aire acondicionado no está funcionando – The aire conditioning is not working.

- Yo <u>reparo</u> electrodomésticos – I repair appliances.
- Alguien llama a la puerta – Someone is at the door.
- Tenemos una gran terraza – We have a big terrace.

¿Qué tal si antes de dejarte una pequeña historia, te hago una pregunta sorpresa? Yees, a suprise question!!

¿Cuánto es veinte más veinte? Cuarenta. Ahora, deletrea C U A R E N T A por favor…. Good job!

Oigamos una pequeña historia de una casa abandonada, la leeré en español, así que presta mucha atención,

Es la historia de una pequeña casa que tenía celos de las otras casas alrededor, ella había sido abandonada por sus dueños con todas sus objetos adentro, y no encontraba quien la habitara, así que un día decidió hablar con sus pequeños habitantes, la licuadora, la aspiradora, la cocina, las camas, y hasta las lámparas, y les propuso que junto a los productos de limpieza dejaran la casa reluciente para que alguien se fijara en ella y pronto pudieran tener habitantes humanos, así que una noche, mientras el vecindario dormía, todos empezaron a limpiar y reparar, y a la mañana siguiente la pequeña casa, no se veía tan pequeña, lucía muy limpia y hermosa, y se robaba las miradas de los vecinos, que pronto empezaron a visitarla, y en cuestión de días, una joven pareja decidió mudarse a la casa y empezar una nueva vida junto a ella y sus pequeños habitantes.

Good practice for your ears, right?

Just a few questions before starting the next chapter:

1.- Con quien habló la pequeña casa?

2.- Cuanto tardaron el reparar y limpiar todo? – How much time they took to clean and repair?

3.- Quien se mudó a la casa después de todo? – Who moved into the house afterwards?

I hope you enjoyed this chapter.

Remember to practice as much as you like and go back any time you need.

Chapter 7
Places to Visit.

Bienvenidos nuevamente a Learn Spanish For Beginners in Your Car,

During our journey we have learned a lot; números, letras, verbos, frases, hemos leído pequeñas historias y practicado bastante, but we still have a long road because learning never ends.

En este capítulo aprenderemos adjetivos para describir lugares, esto te ayudará no solo cuando visites lugares nuevos, si no también, en tu vida diaria, porque siempre solemos describir cosas y lugares visitados.

In this chapter we will learn adjectives to describe locations, moments, and situations, this will help you, not only when you visit new places, but also, in your daily life, we always tend to describe things and visited places.

Así como es costumbre, get comfortable and let´s go for it,

Empecemos con un poco de vocabulario, repite en voz alta:

1.- Increíble (Amazing) 2.- fantástico (Fantastic) 3.- Asombroso (Wonderful) 4.- Precioso (Beautiful) 5.- Adorable (lovely) 6.- Aburrido (boring) 7.- Poco interesante (uninteresting) 8.- Impresionante (Impressive) 9.- Sorprendente (breathtaking) 10.- Bullicioso (bustling) 11.- frenético (Hectic) 12.- Dinámico (dynamic) 13.- Cautivador (captivating) 14.- Fascinante (Fascinating) 15.- Estupendo (stunning) 16.- Encantador (charming) 17.- Único (Unique) 18.- Feo (Ugly) 19.- Sucio (Dirty) 20.- Desordenado (messy) 21.- Teatro (Theater) 22.- Escuela (School) 23.- Iglesia (church) 24.- Centro comercial (Mall) 25.- Parque (Park) 26.- Abierto (Open) 27.- Cerrado (closed) 28.- Museo (Museum) 29.- Obras (Plays) 30.- Supermercado (Supermarket) 31.- Biblioteca (Library) 32.- Cafetería (Coffee shop) 33.- Restaurante (Restaurant) 34.- Tienda de ropa (Clothing store) 35.- Librería (Bookshop) 36.- Grande (Big) 37.- Pequeño (Small) 38.- Mediano (Medium) 39.- Tranquilo (Quiet) 40.- Lugar lleno de personas (Crowded place) 41.- vacío (Empty) 42.- Cine (Movies) 43.- En oferta (On sale) 44.- Tienda de licores (Liquor Store) 45.- Dulcería (Candy Store) 46.- Acogedor (welcoming) 47.- Relajante (Relaxing/Peaceful) 48.- Salvaje (Wild) 49.- Farmacia (Pharmacy/Drug store)

Ahora practiquemos algunas frases con nuestro nuevo vocabulario:

- El teatro es <u>precioso</u>, tienes que ir – The theater is beautiful, you must go.
- Es un parque muy <u>bullicioso</u> – It´s a very bustling park.
- ¿Sabes si el <u>centro comercial</u> está <u>abierto</u>? – Do you know If the Mall is open?
- Este lugar es <u>encantador</u> – This place is charming.
- El nuevo <u>supermercado</u> es increíble – The new supermarket is amazing.
- Siempre voy a la <u>pequeña</u> cafetería – I always go to the small coffee shop.
- Te vi el otro día en la biblioteca – I saw you at the library the other day.
- Es un sitio muy pequeño – It´s a very small place.

- Me gusta porque es un sitio muy <u>tranquilo</u> – I like it because it is a very quiet place.
- Es restaurante estaba lleno de personas – The restaurant was crowed.
- Vamos al cine el miércoles, es más <u>tranquilo</u> – Let´s go to the movies on Wednesday, it´s quieter.
- Me encantan los lugares <u>abiertos</u> – I love open places.

- ¿Te gustaría un café? Hay un lugar muy <u>bonito</u> aquí cerca. – Would you like a coffee? There is a beautiful place near here.
- La tienda de ropa está <u>en oferta</u> – The clothing store is on sale.
- La obra fue realmente <u>increíble</u> – The play was really amazing.
- Hay una biblioteca <u>grande</u> en la calle…. – There is a big library on ……. street.
- Yo he estado ahí, es un lugar <u>único</u> – I have been there, it´s a unique place.
- Nunca volví a ese lugar, estaba muy <u>sucio</u> – I never went back to that place, it was very dirty.
- ¿Qué tal te pareció el sitio? - How did you like the place?
- La comida en ese lugar es realmente <u>buena</u> – The food in that place is really good.
- Necesito ir la tienda de licores por un vino – I need to go to the liquor store for a wine.
- Ve la tienda de la esquina, es más <u>grande</u> y tiene más opciones – Go to the one around the corner, it´s bigger and has more options.
- Me gusta la <u>pequeña</u> <u>dulcería</u> del barrio, es más acogedora – I like the Little candy store in the neighborhood, it´s more welcoming.
- Hacía mucho <u>calor</u> en la tienda, así que nos fuimos – It was very hot in the store, so we left.

Aprendamos algunos nuevos verbos para combinar con nuestros nuevos adjetivos - Let´s learn some new verbs to combine our new adjectives;

1.- **Comprar** (To Shop) 2.- **Beber** (To Drink) 3.- **Recoger** (To Pick Up) 4.- **Visitar** (To Visit) 5.- **Volver** (To come back) 6.- **Acampar** (To camp) 7.- **Rezar** (to pray) 8.- **Contemplar** (contemplate) 9.- **Descansar** (To rest) 10.- **Regresar** (To Go back/ To come back) 11.- **Limpiar** (To clean)

- Él reza en lugares <u>abiertos</u> – He prays in open places.
- La escuela está muy <u>cerca</u>, ¿podrías recoger a los niños por favor? – School is very near, could pick up the kids please?
- Seguramente <u>regreso</u> la próxima semana, este lugar es <u>maravilloso</u> – I will surely be back next week, this place is wonderful.
- La habitación está muy desordenada, The room is very messy.
- ¿Podrías <u>limpiar</u> por favor?, todo está muy <u>sucio</u> y <u>desordenado</u> – Could you clean please? Everything is so dirty and messy.
- Conozco un lugar <u>único</u> para <u>acampar</u> – I know a unique place to camp.
- Podríamos <u>descansar</u> aquí, parece un lugar <u>tranquilo</u> – We could rest in here, it seems like a peaceful place.
- Este año quisiera <u>visitar</u> algún lugar <u>salvaje</u> – I would want to visit a wild place this year.
- No puedo <u>rezar</u> en lugares <u>desordenados</u> – I can´t pray in messy places.

- <u>Acampemos</u> en un lugar más <u>abierto</u> – Let´s camp in a more open place.
- Hay un bar cerca, <u>bebamos</u> una cerveza – There is a bar near, let´s drink a beer.
- <u>Contemplé</u> ese lugar por más de una hora – I contemplated that place for over an hour.
- Mi hijo no quiere <u>volver</u>, dice que es <u>aburrido</u> – My son does not want to go back, he says it´s boring.
- Creo que es <u>fascinante</u> – I think it´s fascinating.
- Ellos están en la <u>librería</u> – ¿Podrías <u>recogerlos</u> por favor? – They are at the bookstore, ¿Would you pick them up please?
- Voy a la <u>pequeña</u> <u>farmacia</u> en la próxima calle – I am going to the little pharmacy next Street.
- Te <u>recojo</u> a las ocho – I will pick you up at eight.
- Vamos a la <u>iglesia</u> a las nueve – Let´s go to church at nine.

- Las <u>Iglesias</u> en Europa son más <u>grandes</u> – Churches in Europe are bigger.
- <u>Recojamos</u> este <u>desorden</u> – Let´s pick up this mess.

¿What If we stop at the **Museum** and try to use what we have learned so far?

Hagámoslo;

- Este <u>museo</u> es muy <u>grande</u> para <u>visitarlo</u> en un día – This museum is too big to visit it in one day.
- Me encantan las pinturas que exhibe – I love the paintings it exhibits.
- Fui al <u>museo</u> el sábado, pero estaba <u>vacío</u> – I went to the museum on Saturday, but it was empty.
- ¿Te gustaría <u>visitar</u> el <u>museo</u> la próxima semana? – Would you like to visit the museum next week?
- Ir al museo no es algo que me apasiona – Going to the museum is not something I am passionate about.
- Cuando <u>visito</u> una ciudad, trato de visitar sus <u>museos</u> de historia – When I visit a city, I try to visit its museums of history.
- La luz no era suficientemente buena en el museo – The light was not good enough at the museum.
- Estaba tan lleno que no aprecié todas las obras – It was so crowded that I couldn´t appreciate all the works.
- El museo Cierra los lunes – The museum is closed on Mondays.
- ¿Puedo tomar fotos? – Can I take pictures?
- Me gustaría una audioguía en español por favor – I would like an-audio-guide in Spanish please.
- Este museo es de arte moderno – This museum is of modern art.
- Me gustan más los museos de esculturas – I like sculptures museums better.
- ¿Tiene algún mapa del museo? – Do you have a map of the museum?

Let´s stop by a **Pharmacy** and have a little conversation with our pharmacist.

Pero primero escuchemos algo de vocabulario básico,

1.- Resfriado (Cold) 2.- Fiebre (Fever) 3.- Malestar general (General discomfort) 4.- Escalofríos (shivers) 5.- Prescripción (Prescription) 6.- farmacéutico (Pharmacist) 7.- Tos (Cough) 8.- Medicina (medicine) 9.- Pastillas (pills) 10.- Estornudo (Sneeze) 11.- Gripe (Flu) 12.- Irritación de piel (Rush)   13.- Gotas para los ojos (Eye drops) 14.- Alergias (Allergies) 15.- Fuerte/Mala (strong) 16.- Dolor de estómago (Stomach ache) 17.- Dolor de cabeza (Headache) 18.- Síntomas (Symptoms) 19.- Insulina (Insulin) 20.- Quemadura solar (sunburn) 21.- Termómetro (Thermometer) 22.- Analgésicos (painkillers) 23.- Pomada (Ointment) 24.-

- ¿Qué me puede recetar para el resfriado? – What can you prescribe for a cold?
- Tengo una alergia muy fuerte – I have a pretty bad allergy.
- Hay una pequeña farmacia al final de la calle – There is a little drug store at the end of the street.
- ¿Me puede dar unas gotas para los ojos por favor? – Can I have some eye drops please?
- ¿Qué puedo tomar para el dolor de cabeza? – What Can I have for a headache?
- Aquí tengo mi prescripción médica – Here I have my prescription.
- ¿Necesito prescripción para ese medicamento? – Do I need prescription for that medicine?
- Necesito más insulina por favor – I need more insulin please.
- Soy alérgico a la aspirina – I am allergic to aspirin.
- ¿Con que frecuencia debo tomarlo? – ¿How often should I take it?
- Mis síntomas son: - My symptoms are:
- He tenido fiebre por dos días – I have had a fever for two days.

- ¿Cuánto tiempo hace que te sientes así? - How long have you been feeling like this?
- Tengo dolor de cabeza y estoy muy congestionado - I've got a headache and I'm very congested.
- Necesito una prueba de embarazo por favor – I need a pregnancy test please.
- Gracias por su ayuda – Thanks for your help.
- ¿Tendría alguna pomada para la quemadura solar? - ¿Would you have any ointment for sunburn?
- ¿Me puede dar un termómetro por favor? – Can I have a thermometer please?
- ¿Necesito prescripción para analgésicos? – ¿Do I need prescription for painkillers?
- ¿Me podría dar lo que está en la prescripción por favor? – Can I have what is on the prescription please?
- Su farmacia es muy bonita – Your drug store is very pretty.

¡Con estas frases comunes estás listo para visitar a tu farmacéutico!

With these common phrases you are prepared to visit your pharmacist and get some assistance with basic medicines.

Ahora, hagamos una visita especial, let´s go to **School**, pero primero repasemos vocabulario, repite en voz alta;

1.- Escuela (School) 2.- Director (Principal) 3.- Estudiantes (Students) 4.- Compañeros de clase (Classmates) 5.- Secretaria (Secretary) 6.- Maestros (teachers) 7.- Salones (Classrooms) 8.- Profesor(a) (Professor) 9: Enorme (Huge) 10.- Histórico (Historic) 11.- Ruidoso (Noisy) 12.- Tradicional (Traditional) 13.- Impecable (impeccable) 14.- Bilingüe (Bilingual) 15.- Sobresaliente (outstanding) 16.- Fácil (easy) 17.- Difícil (Hard/Difficult) 18 .- Interesante (Interesting) 19.- Confuso (Confusing)   20.- Inteligente (Smart).

Ahora ensayemos algunas frases,

- Buenos días profesor – Good morning professor.
- El director quiere verte – The principal wants to see you.
- Este colegio está muy lejos – This School is very far away.
- El colegio de Matías es muy bonito – Matias´s School is very pretty.
- Ellos tienen maestros encantadores – They have charming teachers.
- ¿Puedo hablar con el director del colegio? – ¿May I speak with the principal?
- Mis hijos van a un colegio bilingüe – My children go to a bilingual School.
- Tengo una clase muy ruidosa – I have a very noisy class.
- ¿Puede hablar más despacio profesor? – ¿Can you speak more slowly professor?
- Lo siento, pero no entiendo – I am sorry, but I don´t understand.
- Ella es una alumna sobresaliente – She is an outstanding student.
- Ese examen estuvo muy fácil – That test was easy.
- ¿Cuantos estudiantes hay en tu clase? – ¿How many students are there in your class?
- La clase está llena – The class is full.
- La escuela tiene una biblioteca impresionante – The School has an impressive library.
- Pídeles ayuda a tus compañeros – Ask your classmates help.
- La clase estuvo aburrida – The class was boring.
- La clase estuvo interesante – The class was interesting.
- El salón es muy pequeño – The classroom is very small.
- Todos los meses presentamos obras en la escuela – We present plays at School every month.
- Los baños del colegio están sucios – School´s bathrooms are dirty.
- La explicación está muy confusa – The explanation is very confusing.
- Me gustan las clases dinámicas – I like Dynamic classes.

Ahora con esta base, puedes construir tus propias oraciones, combinando lo que quieres decir con lo que has aprendido, just change some adjectives and you will have a proper sentence, por ejemplo:

- Buenos Días <u>director</u> – Ellos tienen maestros <u>aburridos</u> – Ese examen no estuvo fácil – Pídeles ayuda a tus <u>maestros</u> – Ella es una alumna <u>inteligente</u>, etc.

You have three things you should take advantage of; your memory, your desire, and the knowledge you are acquitting here, combine them all and you will be speaking Spanish very soon.

Let´s continue visiting places,

Vayamos a algún **Parque,**

Pero no sin antes aprender vocabulario propio del lugar; but not without first learning the proper vocabulary.

1.- Caja de arena (sandbox) 2.- Vendedor (Vendor) 3.- Columpios (Swings) 4.- Fuente de agua (wáter fountain) 5.- Lugar de juegos (Playground) 6.- Concha acústica (Acoustic Shell) 7.- Lago (Lake)   8.- Tobogán (Slide) 9.- Area de ejercicios (Exercise area) 10.- Turístico (Touristic) 11.- Merienda (Snack) 12.- Cafetería (cafeteria) 13.- Cielo (sky).

Te daré algunas frases comunes para socializar en el parque – I will give you some common phrases to socialize in the park.

Comencemos;

- Me gusta mucho la concha acústica de este parque – I like the Acoustic Shell of this park very much.
- ¿Has venido a un concierto en la concha acústica? – Have you come to a concert in the acoustic Shell?
- Este parque es muy tranquilo – This park is very quiet.
- Las áreas verdes del parque son increíbles – the Green areas of the park are amazing.
- Este parque es muy turístico – This park is very touristic.
- No venimos muy seguido porque está lejos de casa – We don´t come very often because it is far from home.
- ¿Quieres ir al parque a trotar? – ¿Do you want to go jogging to the park?
- Los jardines del parque primavera son increíbles – The park gardens in spring are breathtaking.
- Puedes columpiarte hasta el cielo - You can swing up to the sky.
- ¿Quieres jugar con los demás niños? - ¿Would you like to play with the other kids?
- ¡Sujétate fuerte, no te sueltes! - Hold on tight, don´t let go!
- Recojamos nuestros desperdicios – Let´s clean up our trash.
- Vamos a la zona de ejercicios – Let´s go to the exercises area.
- ¿Quieres hacer ejercicios en el parque? – Do you want to do some exercises in the park?
- Vamos al parque y luego a la cafetería, ¿te animas? – We go to the park and then to the cafeteria, would you come?
- Este parque es increíble, pero de noche es peligroso – This park is incredible but it´s dangerous at night.
- Iré a merendar en el parque, ¿quieres venir? – I will go to have a snack in the park, do you want to come?
- El parque tiene un lago hermoso – The park has a beautiful lake.
- Me gusta ir al parque con mi perro – I like to go to the park with my dog.

- Mis hijos disfrutan mucho venir al parque a jugar pelota – My children really enjoy coming to the park to play ball.
- Yo los veo mientras ellos juegan en la caja de arena – I watch them while they play in the sandbox.

Try to keep the base of the phrases and do small changes at the beginning, after a while you will be able to do more complex combinations.

Before I let you go, we will make a little stop in the "**Flea Market.**"

Maybe you have something to look for in there and need some help to get good deals hehe..

- ¿Quieres ir al mercado las pulgas conmigo mañana? – ¿Do you want to go to the flea market tomorrow with me?
- ¿Cuánto cuesta? – ¿How much does it cost?
- Está muy caro para mi – It is very expensive for me.
- Está barato – It is cheap.
- No, eso es mucho para nosotros – No, that is a lot for us.
- ¿Me ofrece otro precio? – ¿Can you offer me another price?
- Lo quiero – I want it.
- ¿Te gusta este? - ¿Do you like this one?
- ¿Lo tendrá de otro color? – ¿Would it be in another color?
- Si compro dos, ¿me da descuento? – If I buy two, would you give me discount?
- Está muy elegante – It is very elegant.
- El mercado las pulgas es muy turístico – Flea market is very touristic.
- Quiero algo más tradicional – I want something more traditional.
- Es un regalo para mi hermana – It´s a gift for my sister.
- Este es mi última oferta – This is my last offer.
- Quisiera algo más barato – I would like something cheaper.
- Ok, Me parece justo – Ok, ¡fair enough!
- ¿En cuánto me lo deja? – How much will you give it to me for?
- Ok, me los llevo - Ok, I´ll take them.
- ¿Lo envuelve para regalo? - Do you wrap it as a gift?
- Voy al mercado las pulgas y vuelvo – I am going to the flea market and come back.
- ¿Quieres algo del mercado las pulgas? – Do you want something from the flea market?

Ahora hagamos algunos ejercicios, I start a sentence and you finish it with as much logic as possible. Don´t panic, just use the easiest answers you imagine.

Tengo fiebre………..   ¿Cuánto cuesta?No tengo más dinero…

No quiero ir….   ¿Hacemos ejercicios?   Siempre que voy a esa ciudad.

Necesito un libro…   Me encantan…. Es para mi tía en su cumpleaños.

Good job! You just need to keep practicing,

Now let me share some possible answers.

Tengo fiebre - ¿Qué me puede recetar para la fiebre?

¿Cuánto cuesta? – Está muy caro.

No quiero ir – eso está muy lejos.

No tengo más dinero - Quisiera algo más barato.

¿Hacemos ejercicios? – en el parque.

Siempre que voy a esa ciudad – visito sus museos.

Necesito un libro – voy a la librería.

Me encantan – me los llevo.

Es para mi tía en su cumpleaños - ¿Lo envuelve para regalo?

I hope you enjoyed this chapter, don´t forget to keep practicing!!

See you and hear you in the next chapter.

Hola, espero estés bien y practicando todos los días,

Bienvenido nuevamente a:

> Learn Spanish For Beginners in Your Car: Accelerated Language Learning Lessons- 1001 Phrases, Words in Context, Conversations, Short Stories& Dialogues to Reach Intermediate Levels.

La forma más eficaz para aprender español, invirtiendo el tiempo en carretera, que no nos genera nada, aprendiendo un nuevo idioma.

This is the easiest way to learn Spanish, investing the time on the road, which does not generate any income, learning a new language.

In this occasion I will teach you about:

Chapter 8
Your favorite food:

Let´s talk about meals, ingredients, flavors, veggies, fruits and why not, let´s prepare some recipe to a special person.

In this chapter I will be a little more aggressive in terms of phrases, you will learn longer sentences and be challenged all the time,

Pero como es costumbre, empecemos con **vocabulario and some new verbs,** we need to know some other objects we haven´t talked about such as:

1.- Licuadora (Blender) 2.- Abre botellas (Bottle opener) 3.- Molde de tortas (Cake mold) 4.- Tabla de cortar (Chopping board) 5.- Escurridor de platos (Dish drainer) 6.- Embudo (Funnel) 7.- Rallador (Grater) 8.- Delantal de cocina (Kitchen apron) 9.- Rodillo (Rollin pin) 10.- Exprimidor (Squeezer) 11.-colador (Strainer) 12.- Bandeja (tray) 13.- Molinillo de pimienta (Pepper mil) 14.- Ingredientes (Ingredients) 15.- Comida Favorita (Favorite meal) 16.- Crudo (Raw) 17.- Poco hecho (Rare) 18.- Medio Hecha (Medium rare) 19.- Hecha (Medium) 20.- Un poco más que hecho (Medium well) 21.- Muy hecha (well done) 22.- Nutrición (Nutrition) 23.- Mesa (table) 24.- Velas (candles) 25.- Flores (Flowers) 26.- Mantel (tablecloth) 27.- Champaña (Champagne) 28.- Nutricionista (Nutritionist) 29.- Una pizca de… (A pinch of)

This way we may be able to communicate to our special person while you are preparing some meal, Practiquemos,

- ¿Tienes delantal de cocina? – Do you have kitchen apron?
- Necesito un molde para tortas – I need a cake mold.
- Tengo tabla para cortar – I have chopping board.
- Necesito un exprimidor para el jugo – I need a squeezer for the juice.
- No me gusta, está crudo – I don´t like it, it´s raw.
- ¿Tienes un rayador para el queso? – ¿Do you have a grater for the cheese?
- Llevo la bandeja con la comida – I bring the tray with the food.
- Solo necesito un colador – I just need a strainer.
- Ponte el delantal de cocina – Put on the kitchen apron.
- ¿Quién es tu nutricionista? – Who is your nutritionist?
- ¿Te gustaría cenar conmigo? – Would you like to have dinner with me?
- Cocinemos juntos – Let´s cook together.
- Tienes que Comprar velas y champaña – You have to buy candles and champagne.
- Hazla sentir especial – Make her feel special.
- Hazlo sentir como en casa – Make him feel at home.
- Las flores serán el toque especial – Flowers Will be the special touch.
- Me encanta cocinar contigo – I love cooking with you.
- ¿Como te gusta la cocción de la carne? – How do you like the doneness of the meat?
- ¡Traeré el abrebotellas! – I´ll get the bottle opener.

- Eres un excelente cocinero – You are an excellent cook.
- Una Buena nutrición es muy importante – A Good nutrition is important.
- Yo debería ser tu nutricionista – I should be your nutritionist.
- Me gusta la carne muy hecha – I like the meat well done.

- Los vegetales saben mejor a la parrilla – Vegetables taste better on the grill.
- En la mesa había velas, flores y una botella de champaña – On the table there were candles, flowers and a bottle of champagne.
- Pon todo en la licuadora para hacer la salsa – Put everything in the blender to make the sauce.
- Ponle una pizca de sal – Put it a pinch of salt.

Ahora, veamos estos nuevos verbos que podemos usar mientras preparamos una comida – Let´s see these new verbs we may use while preparing some meal.

1.- Hornear (to bake) 2.- Mezclar (to blend) 3.- Beber (to drink) 4.- Servir (To serve) 5.- Hervir (Boil) 6.- Picar (chop) 7.- Enfriar (Chill) 8.- Rebozar (batter) 9.- a la parrilla (Grill) 10.- Marinar (marinate) 11.- Pelar (Peel) 12.- Escurrir (drain) 13.- Calentar (Heat up) 14.- Asar (Roast) 15.- Exprimir (to Squeeze) 16.- Remojar (to Soak) 17.- Espolvorear (to sprinkle) 18.- Gratinar (to Gratin) 19.- Cortar (to Cut) 20.- Remover (Stir) 21.- Sazonar (to season / flavor) 22.- Lavar (to wash) 23.- Adornar (to decorate)   24.- freír (Fry)

Let´s practice some common phrases:

- ¿Cuál es tu comida favorita? – What is your favorite meal?
- Te prepararé tu comida favorita – I will make your favorite meal.
- ¿Te gusta la comida rebozada? – Do you like food in batter?
- Dejamos enfriar – let it chill.
- ¿Te gusta la comida a la parrilla? – Do you like food on the grill?
- Debemos picar el pollo en cuadritos – We must cut the chicken in little squares.
- Pela todas las papas – Peel all the potatoes.
- Remueve hasta que esté espeso – Stir until it is thick.
- No pares de remover por favor – Don´t stop stirring please.
- ¿Exprimes unas naranjas cuando puedas por favor? – ¿Would you squeeze some oranges when you can please?
- No te vayas, estoy a punto de servir la cena – Don´t leave, I am about to serve dinner.
- Me quiero beber una cerveza muy fría – I would like to drink a cold beer.
- Deja marinar el pescado y luego lo haces a la parrilla – Let the fish marinade and then cook it on the grill.
- Hay muchas formas de sazonar un pollo – There are many ways of season a chicken.
- Lava las manzanas y la pelas para los niños por favor – Wash the apples and peel them for the kids please.
- Gratina el queso para la lasaña – Gratin the cheese for the lasagna.
- Pon a calentar el horno para el pastel por favor- Heat up the oven for the cake please.
- Por favor, lava los vegetales antes de cocinar. – Wash the vegetables before cooking them please.

- ¿Ponemos a enfriar el vino? - ¿Shall we chill the wine?
- Voy a espolvorear un poco de azúcar en tu postre. – I am going to sprinkle some sugar on your dessert.
- Bate los huevos para hacer una tortilla – Beat the eggs to make an omelet.

- Debes <u>remojar</u> los granos en agua. – You must soak the grains in water.
- ¿Te gustaría aprender a <u>marinar</u> la carne? – Would you like to learn how to marinate the meat?
- Te gustaría tomarte un café. – ¿Would you like to drink a coffee?
- <u>Sirvamos</u> el postre. – Let´s serve the dessert.
- Vamos a <u>freír</u> las patatas y a <u>hervir</u> las salchichas para realizar nuestro hot dog.

Vocabulario de Alimentos:

1.- Aceite (Oil) 2.- Aceite de girasol (Sunflower oil) 3.- Aceite de oliva (Olive oil) 4.- Ajo (Garlic) 5.- Almendra (Almond) 6.- Apio (Celery) 7.- Arroz (Rice) 8.- Atún (Tuna fish) 9.- Avellana (Hazelnut) 10.- Azúcar (Sugar) 11.- Tocineta (Bacon) 12.- Berenjena (Eggplant) 13.- Sándwich (Sandwich) 14.- Brócoli (Broccoli) 15.- Cacahuete (Peanut) 16.- Calabacín(Zucchini) 17.- Calabaza (Pumpkin) 18.- Carne (Meat) 19.- Cerdo (Pork) 20.- Cordero (Lamb) 21.- Pollo (Chicken) 22.- Carne Picada/Molida (Ground meat) 23.- Cebolla (Onion) 24.- Cereales (Cereals) 25.- Guisante (Pea) 25.- Harina (Flour) 26.- Leche (Milk) 27.- Leche Desnatada (Skim milk) 28.- Salsa de tomate (Ketchup) 29.- Galletas (cookies) 30.- Ensalada (salad) 31.- Espinaca (Spinach) 32.-Jamón (Ham) 33.- Pescado (Fish) 34.- Perejil (parsley)

35.- Vinagre (Vinegar) 36.- Sopa (Soup) 37.- Champiñones (Mushrooms) 38.- Tortilla Francesa (Omelet) 39.- Ostras (Oysters) 40.- Cangrejo (Crab) 41.- Camarones (Shrimps) 42.- Salmón (Salmon) 43.- Langosta (Lobster) 44.- Pavo (Turkey) 45.- Costillas (Ribs) 46.- Pato (Duck) 47.- Queso Parmesano (Parmesan Cheese) 48.- Espagueti (Spaghetti) 49.- Avena (Oats) 50.- Vegetariano (Vegetarian).

Practiquemos algunas buenas frases, Let´s practice some good phrases;

Repite cuantas veces necesites,

- Me encantan los <u>camarones</u> – I love shrimps.
- No soy un comedor de <u>pescado</u>, prefiero la carne – I am not a fish eater, I prefer meat.
- Las <u>galletas</u> no tienen <u>aceite de girasol</u> – Cookies don´t have sunflower oil.
- Quiero desayunar <u>huevos</u> con <u>tocineta</u> – I want to breakfast eggs and bacon.
- El <u>brócoli</u> y la <u>espinaca</u> son una fuente de hierro – Broccoli and spinach are a source of iron.
- Preparemos un <u>pollo</u> con salsa de <u>queso parmesano</u> – Let´s cook a chicken with parmesan cheese.
- Te provoca <u>champiñones</u> en salsa de <u>ajo</u> - ¿You feel like eating mushrooms in a garlic sauce?
- Prefiero una <u>ensalada</u>, no como <u>carnes</u> – I prefer a salad, I don´t eat meat.

- Podrías quitar la <u>cebolla</u> de mi comida por favor – ¿Could you remove the onion from my food please?
- Mi helado favorito es el de <u>chocolate</u> con <u>avellana</u>. – My favorite ice cream is chocolate with hazelnut.
- Un buen desayuno debe tener <u>avena</u> y <u>leche desnatada</u>. A Good breakfast should have oats and skim milk.
- Me gustan más las hamburguesas de cerdo. – I like pork hamburgers better.
- Me encanta una tortilla con champiñones, cebolla y espinacas. – I love an omelet with mushrooms, onion and spinach.
- El Salmon no tiene espinas. - Salmon does not have bones.
- Has comido espaguetis con carne de pavo. – Have you eaten spaghetti with turkey meat?

- Preparemos la langosta – Let´s cook the lobster.
- Podrías poner a mi ensalada vinagre, aceite de oliva y almendras por favor. – Could you put my salad some vinegar, olive oil and almonds please.
- Horneemos un queso con almendras y tomates en el horno. – Let´s bake a cheese con almonds and tomatoes.
- No como carne, soy vegetariano. – I don´t eat meat, I am vegetarian.
- ¿podrías ayudarme a abrir una lata de atún para mi comida? – ¿Would help me open a tuna fish can for my meal?
- Pongamos las costillas en el asador. – Let´s put the ribs on the grill.
- Quieres un Sándwich de carne picada y cebolla. – ¿Would you like a meat and onion sandwich?
- Coloca las berenjenas al horno. – Put the eggplant in the oven.
- Guarda las galletas en su caja por favor. – Keep the cookies in their box please.
- Hagamos una tarta de calabaza. – Let´s bake a pumpkin cake.
- Soy muy simple, jamón y queso – I am pretty simple, ham and cheese.

Compremos frutas: Let´s buy some fruits.

Now, let´s go to the greengrocer, and then let´s practice some phrases, pero primero debemos aprender los nombres de las frutas, cuál es tu favorita?

1.- Aguacate (Avocado) 2.- Arándano (Bilberry) 3.- Cereza (Cherry) 4.- Ciruela (Plum) 5.- Dátil (Date) 6.- Frambuesa (Raspberry) 7.- Fresa (Strawberry) 8.- Granada (Pomegranate) 9.- Higo (Fig) 10.- Kiwi (Kiwi) 11.- Limón (Lemon) 12.- Mandarina (Tangerine) 13.- Mango (Mango) 14.- Manzana (Apple) 15.- Melocotón (Peach) 16.- Melón (Melon) 17.- Mora (Mulberry) 18.- Naranja (Orange)   19.- Pera (Pear) 20.- Piña (Pineapple) 21.- Banana (Banana) 22.- Pomelo (Grapefruit) 23.- Sandia (Watermelon) 24.- Uva (Grape) 25.- Coco (coconut) 26.- Maracuyá (passion fruit) 27.- 28.- Pasas (raisins) .

- Me gusta el jugo de piña. – I like pineapple juice.
- Compremos bananas en el mercado. – let´s buy bananas in the supermarket.
- Mezclemos nuestro cereal con fresas y arándanos. – Let´s mix our cereal with strawberries and blueberries.
- El jugo de limón es bueno para aderezar el pescado. – Lemon juice is good for seasoning fish.
- Me encanta la pera, es una fruta que contiene agua. – I love pear, it´s a fruit that contains much water in it.
- La sandia es la mejor fruta para el verano. – Watermelon is the best fruit for summer.
- ¿Has hecho un pie de manzana alguna vez? – ¿Have you ever cooked a pie apple?
- Necesitas pelar la mandarina antes de comerla. – You need to peel the tangerine before eating it.
- ¿Te gusta el aguacate? – ¿Do you like avocado?
- El aguacate es muy caro, pero me gusta comprarlo – Avocado es very expensive, but I like buying it.
- Mi ensalada de fruta con kiwi y cereza. – My fruit salad with kiwi and Cherry.
- Podrías colocar una cereza para adornar mi bebida. – Could you please put a Cherry to decorate my drink.?
- Puedes cortar el kiwi por la mitad y comerlo con una cucharita. – You may cut the kiwi by half and eat it with a teaspoon.
- Hagamos un buen jugo de pomelo y maracuyá. – Let´s make a good grapefruit and passion fruit juice.

- ¿Puedes quitar las semillas de la naranja? – Can you remove the seeds of the Orange?
- Has comido fresas con la crema batida. – ¿Have you eaten strawberries with whipped cream?
- Llevare de merienda unos arándanos y ciruelas. – I will take some blueberries and plums for a snack.
- El higo es fuente de fibra. - The fig is a source of fiber.
- La mora es de un color diferente que la fresa.
- El coco está lleno de agua por dentro. – Coconut is full of water inside.
- Hagamos un pastel de piña, ¿te gustaría? – Let´s make a pineapple cake, would you like it?
- Rallemos el coco para nuestro postre. – Let´s grate the coconut for our dessert.
- ¿Cuál es tu fruta favorita? – What is your favorite fruit?
- Yo tengo frutas favoritas según la estación del año – I have favorites fruit according to the season of the year.
- No me gustan las pasas. – I don´t like raisins.

Let´s do an exercise.

Por favor, nombre cuatro ingredientes por cada plato que te diré; please name four ingredients for each meal I tell you:

1.- Torta (Pastel): examples: Huevos – Harina – Mantequilla – Leche.

2.- Pizza: examples: Harina – Pepperoni – cebolla – queso

3.- Ensalada de fruta: naranjas – fresas – sandia – piña.

4.- Tortilla: huevo – sal – pimienta – cebolla.

Antes de irte, leeré una corta historia culinaria, ¡a culinary story!

La Tortilla Francesa

No tiene su origen en Francia, como sugiere su nombre, viene de España, de una ciudad llamada Cádiz, y lleva ese nombre porque durante el asedio de los franceses en esa ciudad, hubo una gran escases de papas, que era el principal ingrediente de la tortilla española, así que se vieron obligados a dejar de ponerle este ingrediente, y empezarla a llamar tortilla a la francesa, para distinguir que no llevaría papas, y que sería mucho más simple que lo habitual.

Así que ya lo sabes, la tortilla española lleva papas y cebollas, y la francesa, que nace en España, sólo lleva huevos y sal.

Así que cualquiera de las dos, es buena en nuestro desayuno.

I Hope you enjoyed this chapter. Have some rest and prepare for the next one!

Bienvenidos nuevamente a otro capítulo de,

Learn Spanish For Beginners in Your Car: Accelerated Language Learning Lessons- 1001 Phrases, Words in Context, Conversations, Short Stories& Dialogues to Reach Intermediate Levels.

En este capítulo aprenderás muchas frases y nuevos verbos que se usan a la hora de;

Chapter 9
Viajar

It´s time to travel and do it the best way, we must prepare, ¿Have you been thinking about going to Spain? Or Latin America? a nice island in the Caribbean? Or just going to meet some Spanish speaker friends? we are in the right chapter, so pack your luggage and let´s go!

You will find "Travel" as a noun, adjective or verb! It´s so nice that it can be all three options.

Como es costumbre, primero debemos aprender y repetir nuevo vocabulario. Repite en voz alta, que tu cerebro lo oiga alto y fuerte,

1.- Viaje (Trip) 2.- Vuelo (Flight) 3.- Avión (Airplane) 4.- Aeropuerto (Airport) 5.- Billete/Ticket de avión (Flight ticket) 6.- Puerta de embarque (Gate) 7.- Pasaporte (Passport) 8.- Facturar (Check-in) 9.- Salidas (Departures) 10.- Equipaje (Luggage) 11.- Número de vuelo (Flight number) 12.- Equipaje de mano (carry-on) 13.- Aerolinea (Airline) 14.- Libre de Impuestos (Duty free) 15.- Pasajero (Passenger) 16.- Llegadas (Arrivals) 17.- Maleta (Suitcase) 18.- Tarjeta de embarque (Boarding pass) 19.- Vuelo Retrasado (Delayed flight) 20.- Aduana (Custom) 21.- Azafata (Flight Attendant) 22.- Inmigración (Immigration) 23.- Tren (Train) 24.- Estación de tren (Train station) 25.- Andén (Platform) 26.- Metro (subway/underground) 27.- Ida y Vuelta (round trip) 28.- Carretera (Road) 29.- Autopista (Highway) 30.- Peaje (Toll) 31.- Tarifa (fee) 32.- Taxi (taxi/cab) 33.- Autobus (bus) 34.- Alquiler de carros (Car Rental) 35.- Barco (Ship) 36.- Ferry (Ferry) 37.- Camarote (cabin) 38.- Tripulación (Crew) 39.- Chaleco salvavidas (Life jacket) 40.- Bote salva vidas (Life boat) 41.- Solo Ida (one way) 42.- Muelle (Dock) 43.- Puerto (port/harbor) 44.- Conductor (driver) 45.- Piloto (Pilot) 46.- Impuestos (Taxes) 47.- Hotel (Hotel) 48.- Mostrador (counter) 49.- Calle (Street) 50.- Avenida (Avenue) 51.- Crucero (Cruise) 52.- Luna de miel (Honeymoon) 53.- Yate (Yacht) 54.- Cubierta para carros (Car deck) 55.- Posadas (Inns).

Ahora construyamos algunas frases comunes – Now, let´s build some common phrases,

- Este año quiero viajar – I want to travel this year.
- ¿A qué hora es tu vuelo? – ¿What time is your flight?
- ¿Cuál es tu número de vuelo? – What is your flight number?
- ¿Dónde es la puerta de embarque? – Where is the gate?
- ¿Disculpe, donde puedo tomar un taxi? – Excuse me, ¿where can I take a cab?
- ¿Los impuestos están incluidos? – ¿Taxes included?
- Necesito tomar un taxi para el hotel – I need to take a taxi to the hotel.
- Me indica donde está el mostrador de la aerolínea por favor – Would you tell me where the airline counter is please.
- El hotel está en la calle principal – The hotel is on main Street.
- Llama a alguien de la tripulación – Call someone from the crew.
- El ferry está retrasado – The ferry is delayed.
- ¿Me lleva a la avenida san Andrés por favor? – Would you take to Saint Andrew street please?
- He perdido mi equipaje – I have lost my luggage.
- El vuelo se ha cancelado - The flight is cancelled.
- No tengo mi tarjeta de embarque – I don´t have my boarding pass.
- ¿Tiene equipaje para facturar? - Do you have any baggage to check?

- ¿Cuanto es el ticket/billete para Santiago? – How much is the ticket to Santiago?
- ¿Cuánto tarda el vuelo para Madrid? – How long does the flight take to Madrid?
- Me gustaría un camarote de dos camas - I would like a two beds cabin.
- Tomaré el próximo vuelo a Caracas – I will take next flight to Caracas.
- ¿A qué hora es el próximo vuelo? – What time is the next flight?
- Me siento mareado - I feel seasick.
- Disculpe, ¿dónde está la estación del metro? – Excuse me, ¿where is the subway station?
- ¿Cuándo sale el próximo tren? - When does the next train leave?
- ¿Me lleva a un alquiler de carros por favor? – Would you take to a car rental please?
- Azafata, ¿me puede traer un vaso de agua por favor? – Flight attendant – Would you bring me a glass of water please?
- Quisiera un ticket ida y vuelta para Cancún por favor – I would like a roundtrip ticket to Cancun please.
- ¿Dónde podemos encontrar un buen restaurante cerca? – Where can we find a Good restaurant near?
- Viajo con dos niños – I travel with two kids.
- Necesito comida especial en el vuelo – I need special food in the flight.
- Muchas gracias, Nos vemos entonces – Thank you very much, see you then.
- ¿Cuál es la forma de pago? – What is the payment method?
- ¿Dónde estará mi asiento? – Where can I find my seat?

Ahora, aprendamos algunos verbos importantes, with these verbs we will be able to build our own phrases according to our needs,

Empecemos,

1.- Rentar/Alquilar (To Rent) 2.- Zarpar (To sail) 3.- Navegar (To sail) 4.- Volar (To flight) 5.- Desembarcar (To disembark) 6.- Embarcar (To embark) 7.- Bajar (To get off) 8.- Perder (to miss) 9.- Conducir (To drive) 10.- Descansar (To rest) 11.- Reservar (To book) 12.- Comprar (To buy) 13.- Abordar (To board) 14.- Aterrizar (To land) 15.- Relajar (To relax) 16.- Subir (Get on) 17.- Ordenar (To order).

Ahora construyamos frases, let´s build some phrases,

- Quiero comprar un regalo en las tiendas libre de impuestos – I want to buy a gift in the duty free stores.
- Me gustaría alquilar una van por favor – I would like to rent a van please.
- Necesito ir al hotel a descansar – I need to go the hotel to rest.
- Nos bajamos en la próxima estación – We are getting off at the next station.
- ¿Me buscas en el aeropuerto? – mi vuelo llega a las cuatro de la tarde – Would you pick me up at the airport? My flight lands at four PM.
- Apresúrate o perderemos el vuelo – Hurry or we´ll miss our flight.
- súbete en el próximo tren – Get on the next train.
- Ya están abordando el avión – They are already boarding the plane.
- Tenemos que pasar inmigración y aduana antes de salir – We need to go through immigration and customs before leaving.
- Lleva el chaleco salvavidas todo el tiempo – Wear the life jacket at all times.

- Estamos planeando viajar a Turquía en nuestra luna de miel – We are planning on traveling to Turkey on our honeymoon.
- Las posadas tienen una larga historia – The Inns have a long history.

- ¿A dónde quisieras viajar en nuestra luna de miel? -Where would you like to travel on our honeymoon?
- Estamos listos para ordenar – We are ready to order.
- Iré al Spa a relajarme un poco – I will go to the spa to relax a little.
- Disculpe ¿dónde está el gimnasio del hotel? – Excuse me, ¿where is the hotel gym?
- Estamos por zarpar ¡date prisa! – We are about to sail, hurry up!
- Este es un carro alquilado – This is a rented car.
- Quisiera reservar mesa para dos esta noche – I would like to make a reservation for two tonight.
- El restaurante está todo reservado para esta noche – The restaurant is all booked for tonight.
- Las posadas han evolucionado mucho, quedémonos en una – Inns have evolved a lot, let´s stay in one.

¿What If we need to talk to a receptionist at the hotel? – Practiquemos algún vocabulario,

1.- Habitaciones (rooms) 2.- Habitacion Individual (single room) 3.- Habitacion doble (twin room) 4.- Cama matrimonial (double bed) 5.- Llave de habitación (room key) 6.- Reserva (reservation)   7.- Hostal (hostel) 8.- Habitaciones disponibles (available rooms) 9.- Desayuno incluido (breakfast included) 10.- Toallas (towels) 11.- Secador de cabello (hair dryer) 12.- Servicio de Habitacion (Room service) 13.- Gimnasio (gym) 14.- Lavandería (laundry) 15.- Recepción (reception) 16.- Vestíbulo (lobby) 17.- Ascensor (elevator) 18.- Pasillo (hallway) 19.- Caja fuerte (safe) 20.- Calefacción (heating) 21.- Acceso a internet (internet Access) 22.- Área libre de humo (smoke free área) 23.- Ducha (Shower) 24.-Ropa de cama (bedding) 25.- Mantas (blankets) 26.- Televisión (television / TV) 27.- Catering (catering) 28.- Buffet (buffet) 29.- Piscina (swimming pool) 30.- Spa (Spa) 31.- Entrada principal (main entrance) 32.- Gerente (manager) 33.- Recepcionista (receptionist) 34.- Botones (bellboy) 35.- Tarjeta de crédito (credit card) 36.- Efectivo (cash) 37.- Factura (invoice). 38.- Comedor (Dining room) 39.- La cuenta (the Bill) 40.- Propina (tip) 41.- Alojamiento (accommodation) 42.- Bata de baño (bathrobe) 43.- Al salón (lounge) 44.- Menú infantil (kids menú) 45.- La salida (check out) 46.- Deportes Acuáticos (watersports) 47.- Actividades (Activities).

Frases comunes usamos en los hoteles,

- Necesito una caja fuerte en mi habitación – I need a safe in my room.
- Queremos desayuno incluido – We want breakfast included.
- ¿Tiene disponibilidad? – ¿You have availability?
- ¿Aceptan tarjeta de crédito? – Do you take credit card?
- La propina se la daremos en efectivo – We will give you the tip in cash.
- Necesitamos más toallas para los niños por favor – We need more towels for the kids please.
- ¿Dónde está el comedor? - Where is the dining room?

- ¿Quisiera hacer una reservación por favor? – I would like to make a reservation please.
- Tengo una reservación – I have a reservation.
- ¿A qué hora es la salida? – What time is the check out?
- ¡No se preocupe! entiendo perfectamente! – Don´t worry, I understand.
- ¿A qué hora sirven el desayuno? – What time do you serve breakfast?
- Mi tarjeta no está funcionando – My card key is not working.
- ¿Puedo hablar con el gerente por favor? – May I speak with the manager please?
- ¿Como puedo encender la calefacción? -How can I turn on the heating?
- Quedémonos en un hostal, son un poco más económicos – Let´s stay in a hostel, they are a little cheaper.
- ¿Me puede preparar la cuenta por favor? - Could you get my bill ready please?

- ¿Me pueden subir una botella de champán a la habitación? - Could you bring me a bottle of champagne to my room?
- ¿Dónde puedo estacionar mi carro? – Where can I park my car?
- El hotel tiene magníficas vistas - The hotel has wonderful views.
- ¿Cuál es la contraseña/clave del wi-fi? – What is the password of the wifi?
- ¿Le dejaste propina al camarero? – Did you tip the waiter?
- La piscina del hotel es increíble – The hotel swimming pool is amazing.
- El personal del hotel ha sido muy amable - The hotel staff has been very friendly.
- La comida está fría – Food is cold.
- ¿Quedan habitaciones libres para el próximo fin de semana? – Do you have any free rooms for next weekend?
- ¿Los deportes acuáticos están incluidos? - ¿Are water sports included?
- ¿Me podría despertar a la hora de la cena por favor? – Could you wake me up for dinner please?
- Quisiera que recojan una camisa para lavar y planchar por favor - I would like you to pick up a shirt to be washed and ironed please.
- Nos quedaremos tres noches - We'll be staying for three nights.
- ¿Nos puede dar una habitación con vistas a la piscina por favor? – Would you give us a room with a swimming pool view please?
- ¿Me podría llamar un taxi por favor? – Would you call me a cab please?
- Todo estuvo genial, gracias por su atención – Everything was great, thanks for your attention.
- No regreso a este hotel, el servicio fue un desastre – I won't come back to this hotel, the service was awful.
- ¿El minibar está incluido en el precio? – ¿Is the mini bar included in the price?

Hagamos un ejercicio para practicar,

Una pequeña conversación con dos personas: Un recepcionista y una azafata. They will start a conversation with you, please try to answer as logical as possible, Empecemos!

Recepcionista de hotel: Hola, buenas tardes ¿en qué puedo ayudarle?

    Tú: (possible answer: Hola buenas tardes, quisiera hacer una reservación.

Recepcionista: ¿Para cuándo la quisiera?

    Tú: (possible answer: ¿tiene disponibilidad para el próximo fin de semana?

Recepcionista: ¿Para cuantas personas?

    Tú: (possible answer: Seremos cuatro personas, dos niños y dos adultos)

Recepcionista: Si, tenemos una habitación con vistas a la estación de tren, ¿le parece bien?

    Tú: (possible answer: Quisiera una habitación con vistas a la piscina.

Recepcionista: No hay problema, tenemos una. ¿Cuál es la forma de pago?

Tú: (possible answer: Muchas gracias, ¿acepta tarjeta de crédito?

Recepcionista: Si, por supuesto. Paga al momento de registrarse.

Tú, (possible answer: Muchas gracias, nos vemos entonces el fin de semana.

Recepcionista: Hasta luego.

Buen trabajo, sigue practicando y las conversaciones saldrán cada día más fáciles. Ahora una pequeña historia antes del siguiente ejercicio, by the way, ¿how are you doing in spelling?

Surprise spelling: Can you please spell "Azafata" A Z A F A T A...

¿Have you ever wondered how hotels started? Who invented this system?

La Historia del Hotelería

Todo surgió entre los años 1000 y 500 antes de cristo, cuando comerciantes al ir de un lugar a otro a dejar sus mercancías, necesitaban lugares donde pasar la noche, entonces empezaron a intercambiar sus mercancías por sitios donde descansar, luego de algún tiempo, empezaron a surgir pequeñas posadas en la carretera para darle hospedaje a esos comerciantes y sus animales donde la cuenta se pagaba con dinero, y en estos también se les ofrecía un servicio de comida. Luego de algún tiempo,

hacia los siglos X y XI ente servicio empezó a estar protegido por la ley y empezó a extenderse más los descansos de sus usuarios, pero fue en Alemania donde se construyó el primer hotel con este concepto que tuvo hasta una biblioteca, ya lo demás es historia, y con la revolución industrial, este concepto se extendió por muchos países.

I bet you didn't know part of this history, read it as many times as you like and try to understand most of it.

¿Te puedo preguntar la idea principal de esta historia? - Can I as you what was the main idea of this story?

Answer: (you)

Ahora, antes de dejarte ir, tengamos una pequeña conversación con una azafata del avión, this is an exercise, so please answer as logical as you can,

You: Hola, buenos días, ¿dónde estará mi asiento?

Fly attendant: (possible answer) Junto a la ventana.

You: Tengo frío –

Fly Attendant: ¿Le puedo ayudar en algo?

You: –(possible answer) (Me podría traer una manta)

Fly Attendant: ¿Con que quiere su café?

You: (possible answer) con leche descremada y azúcar por favor.

Fly Attendant: Si necesita algo me llama,

You: (possible answer) Muchas gracias,

¡Espero hayas aprendido y sobre todo disfrutado de este viaje, en la práctica está la excelencia!

If you have any doubt, don´t hesitate to go back and listen again, I will be there!

Have a nice day,

Bienvenidos a nuestro capítulo 10 de;

Learn Spanish For Beginners in Your Car: Accelerated Language Learning Lessons- 1001 Phrases, Words in Context, Conversations, Short Stories& Dialogues to Reach Intermediate Levels

En este capítulo aprenderemos expresiones que puedes usar en español en varios países,

We will go with some countries and then we´ll learn general Spanish expressions.

The purpose of this lesson is to help you understand these expressions If you ever hear them.

Comencemos, please listen to these expressions and their examples when necessary,

Si estamos en **México,**

- ¿Qué onda? – What´s up?
- ¡Está chido! – It´s very nice.
- Órale – Let´s do it.
- ¿Bueno? – Expression to say Hello when answering the phone.
- Chavo – Young boy – example: Él es un chavo de 20 años- He is a 20-year-old boy.
- Chava – Young girl. – Example: Ella es una chava muy linda-
- Gacho – Ugly. – Example: Está muy gacho- It´s very ugly, you may refer a person or a situation.
- Es la neta – It´s true. Example: Lo que te digo es la neta – What I am saying is the true.
- Está cañón – It´s difficult. Example: Está canon que vaya a la fiesta – it´s difficult for me to go to the party.
- Ándale – Go for it.
- No manches – You are kidding me?
- Que padre – Very nice.
- Ya merito – It´s about to be done. Example: Estás listo? – Ya merito. – Are you ready? I am about to.
- Carnal – close friend. Example: Él es mi carnal – He is my good friend.
- No te rajes – Don´t give up –

Si estamos en **España,**

- Coche – Car.
- Echar un cable – Give a hand. Example: Me echas un cable con esto por favor? – Would you give a hand with this please?
- Hacer la pelota –

- Montar un pollo – Make a scene – Example: ¡No me montes un pollo aquí! – Don´t you make scene here.
- Sanseacabó – It´s finished.

- Curro – Trabajo. Example: Voy al curro – I am going to work.
- Dar plantón – To stood up – Ella me dió plantón – She stood me up.
- Caña/Cañita – Beer – Example: Vamos por una cañita – Let´s go for a beer.
- Poner los cuernos – To be unfaithful.
- Dar coñazo – To be annoying.
- Tener morro que te lo pisas – To be really shameless. Example: él tiene un morro que se lo pisa- He is very shameless.
- Hacerse el sueco – To be careless – Example: Ella se hace la sueca, she does not care.
- Planchar la oreja – Going to rest – Example: me voy a planchar la oreja. I am going to rest.
- Tela marinera – It´s complicated –
- Piso – Apartment – Example: Tengo un piso de 90 metros – I have a 90 mts apartment.
- Te pasaste siete pueblos – You took it too far- in terms of arguing.
- Me apunto – I am in –
- Tiene Buena pinta – It looks good.
- Liarla – create a problem, Example: ¡La has liado! – You are in troubles.

Si estamos en **Argentina,**

- Estoy en el horno – I have many things pending to do.
- Buscarle la quinta pata al gato – Don´t over complicate things.
- Pegar un tubazo – Give a call. Example: Me pegas un tubazo esta tarde, give me a call this afternoon.
- ¡Vos querés la cacha y los veinte! – You want this and more (with no extra effort).
- ! Soy Gardel" – I feel awesome. – Example: En este momento de mi vida, soy gardel. – At this moment of my live I feel awesome.
- Yo haré cayetano – Do something in secret –
- Se puso la gorra – when someone gets authoritarian – Example: Mi mamá se puso la gorra ayer en la fiesta- My mom got all authoritarian last night at the party.
- Me colgué – to forget something. Example: Tenía que buscarte y me colgué – I had to pick you up and I forgot.
- Tírate la pileta – Go for it – take the risk-
- Aguántame un cacho – Hold on 5 minutes – Example: Aguántame un cacho que voy al baño – Hold on a moment, I am going to the restroom.
- Tirar los galgos – To woo someone –
- No hay tu tía – There is not solution –
- Anda a cobrarle a Magoya – expression to tell someone we are not paying that.
- Más perdido que turco en la neblina – When someone is lost or does not know what they are talking about.

Let´s visit **Puerto Rico,**

- Lo que viene es cañiña de mono – Things will get more difficult.
- ¿Qué es la qué? – How are you?

- Me como un cable – I am bored –
- Muerto el pollo – It´s finished.
- Estás hecho una batata – you are a lazy person.
- Estás jendío – You are drunk.
- Panas – Friends.
- Janguear – Hang out.
- Tiene el banco virao – He has a lot of money.
- Y dale que ya es tarde – Get out of my sight.
- Tirar la casa por la ventana – Throw a big party.

Let´s finish in **Venezuela.**

- Chamo – Guy/Child.
- Chama – Girl/Child. Example: Esos son mis chamos – They are my children,
- Echarse una birra – Have a beer. Example: ¿Te quieres echar una birra? – Do you want to have a beer?
- Tener violín – To have bad smell in the armpits.
- Te va a llevar un carrito de helados – Don´t play Smart with me.
- Mamar gallo – Expression to tell you are joking with someone. Example: Estoy mamando gallo – I am kidding with you.
- Echarle pichón – To effort/work hard to get something. Example: Tienes el puesto, échale pichón! – You got the position, work hard.
- Ser ladilla – Expression to tell someone when is annoying.
- Rumba – Party.
- Chévere – Fine, example: ¿Quieres ir a la rumba de Fabiola? – chévere.
- Tipo tranquilo – Relax. Example: Me quiero quedar en casa tipo tranquilo -. I want to stay home relaxing-
- Me anoto – I am in –
- Pata e´mingo – It´s very nearby. Example: Vamos a mi casa que está a pata e´ mingo – Let´s go to my house, it´s very nearby.
- Palo de agua - Raining cat and dogs. Example: Está cayendo un palo de agua- It´s raining cars and dogs.
- Por si las moscas – Just in case.

Now, it´s time to practice other expressions we may use in any country,

- Ya lo creo - Indeed.
- Al revés - Inside out.
- Es el último grito de la moda - It is cutting edge.

- Le hace la vida imposible - Is giving him hell.
- Es agua pasada (when you people make up) - Is water under the bridge.
- Me pone la piel de gallina - It gives me the goosebumps.
- Eso me suena a chino - t sounds Greek to me.
- Resulta que - It turns out that....
- Es una estafa - It's a rip off.
- Es para chuparse los dedos - It's finger licking good.
- Ya va siendo hora - Ya era hora - it´s about time.

- Que sea lo que Dios quiera - God Willing.
- No es para tanto - It's not a big deal.
- Invita la casa - It's on the house.
- Llueve muchísimo - It's raining cats and dogs.
- Como tú prefieras - It's up to you. (friendly tone)
- No vale la pena - It's worthless.
- Por si acaso - Just in case.
- échale un ojo a - Keep an eye on...
- Sigue soñando - Keep dreaming.
- Sigue así - Keep it up.
- Mas o menos - Kind of/ more or less.
- Borrón y cuenta nueva - Kiss and make up.
- Que noche oscura – What a dark night.
- De tal paso tal astilla - Like father, like son.
- Palabras necias, oídos sordos – Foolish words deaf ears.
- Resumiendo - Long story short…
- ¡Cuánto tiempo! - Long time no see!
- ¡Cuidado! - Look out!
- Alégrame el día - Make day– Me alegraste el día – You make my day.
- Decídete - Make up your mind–
- Estás en tu casa - Make yourself at home.
- Tal vez/A lo mejor - Maybe–
- Yo tampoco (informal) - Me neither.
- Mientras tanto - Meanwhile/In the meantime–
- Cuidado con el hueco - Mind the gap.
- Además – Moreover.
- Para mi desgracia - Much to my dismay.
- Culpa mía - My bad.
- ¡Madre mía! - My goodness!

- Nunca más - Never again.
- No importa - Never mind.
- Cepillo nuevo barre bien, pero cepillo viejo conoce todos los rincones - New brush sweeps clean but old broom knows all the corners.
- Mejor malo conocido que nuevo por conocer – Better bad known than new to know.
- No te molestes / no es molestia - No bother.
- Sin duda – With no doubt.
- Ni hablar / De ninguna manera - No way.
- Con razón - No wonder.
- Sin problema / no te preocupes - No worries.
- Yo tampoco - Nor/neither do I.
- Ninguna posibilidad - Not a chance / No way in hell–
- De nada - You're welcome/It's Ok

- Para nada - Not at all
- No está mal - Not Bad.
- No es por nada - Not for nothing–
- No es asunto mío - Not my business.
- No vale nada - Not worth a penny.
- Así, de cabeza… | Creo recordar que…- Off the top of my head–
- ¡Oh, Dios! - Oh dear! –
- Por un lado … por otro lado - On one hand… on the other hand
- Según las apariencias - On the face of it–
- No me cuentes historias – Don´t tell me stories.
- Una vez en la vida - Once in a lifetime.
- De vez en cuando - Once in a while.
- Como caído del cielo - Out of the blue.
- Una y otra vez - Over and over again.
- Perdón por lo que voy a decir (palabras malsonantes) - Pardon my French.
- Vejiga de cacahuete - Peanut bladder.
- Cuento chino - Phony baloney.
- No me veas la cara – I am no one's fool.
- Pan comido/Está muy fácil - Piece of cake!
- Lárgate- Piss off.
- Salud - Bless you – (para cuando alguien estornuda)
- Te entiendo - Point taken.
- Lloviendo a cantaros - Raining cat and dogs
- ¿En serio? - Really?

- Me suena - Rings a bell.
- Dime hasta donde - Say when– When you are serving something.
- Te veo luego - See you soon.
- ¡Espabila! / ¡levántate! / ¡muévete! - Shake/show a leg!
- ¡Vergüenza debería darte - Shame on you!
- Darle a la lengua - Shoot the breeze.
- ¡Cállate! - Shut up!
- Mucho / Un montón - So bad/badly– Example: Te quiero un montón (I love you so bad)
- Como yo / Yo también - So do I.
- Hasta la vista - So long.
- Otra vez será - Some other time.
- Hablando de eso - Speaking of which.
- Empezar de cero - Start from scratch.
- Mirar por encima del hombro – Look over the shoulder.
- Deja de hacer el tonto - Stop Messing around–
- Así es la vida - Such is life/That's life/Life's like that–
- Te aguantas - Suck it up.
- Tómatelo con calma - Take it easy.

- No dejes que te afecte – Don´t let it get to you.
- Hablando del rey de Roma - Speaking of the devil.
- Gracias de antemano - Thanks in advance.
- Eso es muy dudoso - That's quite dodgy.
- Aunque no lo creas – believe or not.
- Chantajear - to blackmail.
- A eso me refiero - That's what I mean –
- Eso es lo que importa - that's what matters/That's all it matters–
- Cuanto más, mejor - The more the better.
- La gota que derramó el vaso – The drop that spilled the glass.
- Mis labios están sellados – My lips are sealed.
- Confía en mi – Trust me.
- Cuanto antes, mejor - The sooner the better.
- Piénsalo dos veces - Think twice -
- Todo para nada – all for nothing.
- Ni que fuera tan difícil - This is not rocket science–
- Pedir peras al olmo - To ask for the moon.
- Hay muchos peces en el mar – There is plenty of fish in the sea.
- No me mal interpretes – Don´t get me wrong.
- No te alteres – Don´t freak out.

- No te hagas el tonto – Don´t play fool.
- Estoy tieso/ quebrado -I am broke.
- A propósito – by the way.
- En realidad – as a matter of fact.
- Es cuestión de tiempo – It´s a matter of time.
- Lo dudo – I doubt it.
- Estar feliz / contento - to be over the moon.
- Sentirse triste / de capa caída – Feeling blue.
- Piénsatelo – Sleep it over.
- Estar hambriento – To be hungry.
- Estar sediento – To be thirsty.
- Ser un auténtico…. - To be such as.
- Estar bastante borracho - To be wasted.
- Sentirse mal/enfermo - To be/feel under the weather–
- Chantajear - to blackmail.
- Librarse de [algo/alguien] - To get rid of
- Aprovecharse de alguien – To take advantage of
- Nunca se sabe - You never know.
- Ya terminé por hoy – I am done for today.
- ¡Estoy bien gracias! – I am all set, thanks!
- Aguantar a (alguien) (algo) -To put up with.
- Cancelar - To call it off.

- Poner los cuernos/cachos - To cheat on.
- Estar loco por.. – To be crazy about (someone).
- Llevarse bien con - To get along with.
- Ser cercano a alguien – To be close to someone.
- Llevar a alguien - To give somebody a lift.
- Hacer todo lo posible / Darlo todo - To go all out.
- Pasar el rato por ahí - To hang around.
- Colgar - To hang up.
- Rendirse – To give up.
- Pasarlo bien / divertirse - To have a blast.
- Tener una discusión - To have an argue.
- Querer dejar clara una cosa - To make a point.
- Decídete - Make up your mind.
- Reconciliarse - To make out.
- Recompensarte - To make it up to you.
- Pensar en voz alta – Thinking out loud.
- Mátalo - To kill it – (finish it)
- Causa perdida – Lost cause.
- Ojo por ojo, diente por diente - To see for to eye, tooth for tooth.
- Comerse el mundo - To set the world on fire.
- Fresa - snob. Someone who is a snob – Alguien que es fresa.
- Malcriar - consentir a alguien - to spoil [somebody].
- Tren con destino a. - Train bound for.
- Boca abajo / patas arriba / del revés - Upside down.
- Al revés – Inside out.
- ¡Cuidado! - Watch out!
- Estamos en paz - We're even.
- Dejémoslo así – Let´s call it even.
- ¡Vaya coñazo - What a drag!
- ¡Vaya imbécil! - What an idiot.
- Pura chachara - What a palaver.
- Qué pena - What a pity.
- Vamos al grano – Straight to the point.
- ¡Vaya estafa! - What a rip off!
- ¡Qué lástima! ¡Qué pena! - What a shame.
- ¿Qué demonios? - What the heck?
- ¿Qué estabas haciendo? - What were you up to? –
- ¿En qué andas? – What are you up to?
- Lo que sea – como sea – Whatever.
- Novato – Newbie.
- Mejor Amigo/Amiga – Bestie.
- Plata (dinero) – Bucks.
- Punto principal – Bottom Line.
- Sorprender – Blow me away.

- Qué tiene que ver esto con… - What does it have to do with…
- ¿A quién se le ocurre? - ¿Who on earth?
- Sin ninguna duda - Without any doubt–
- ¿Tú y cuantos más? - You and what army?
- Estás solo en esto - You are on your own–
- ¡Eres lo máximo! - You rock!
- A toda prisa – Against the clock.
- Depende de ti – The ball is in your court.
- Suelta la sopa – Spill the beans.

- Mucha suerte – Break a leg.
- De vez en cuando – once in a blue moon.
- Sin importar las circunstancias – come rain or some shine.

To finish this chapter, let´s practice some scenarios, I will make initiate a comment and you will finish it with one of the options:

1.- Lo estás haciendo muy bien.

    You:

2.- Te acuerdas de Carlos? – Do you remember Carlos?

    You:

3.- Yo lo hago…

    You:

4.- Parece una estafa.

    You:

5.- Yo no le diré a nadie.

    You:

6.- No me siento bien…

    You:

7.- Tengo un casting mañana…

    You:

8.- Tienes que elegir…

    You:

9.- Quiero una hamburguesa…

    You:

10.- Esta mañana llamé a mi hermana.

      You:

¡¡Espero hayas disfrutado y aprendido mucho en este viaje en español, te espero en el siguiente libro!!

Recuerda practicar mucho y escoger de 10 a 20 palabras diarias para practicarlas, cuando sueñes en español, ¡¡tu cerebro lo habrá asimilado!!

¡¡A comerse el mundo!!

Sánchez, Renny

- Qué tiene que ver esto con… - What does it have to do with…
- ¿A quién se le ocurre? - ¿Who on earth?
- Sin ninguna duda - Without any doubt–
- ¿Tú y cuantos más? - You and what army?
- Estás solo en esto - You are on your own–
- ¡Eres lo máximo! - You rock!
- A toda prisa – Against the clock.
- Depende de ti – The ball is in your court.
- Suelta la sopa – Spill the beans.

- Mucha suerte – Break a leg.
- De vez en cuando – once in a blue moon.
- Sin importar las circunstancias – come rain or some shine.

To finish this chapter, let´s practice some scenarios, I will make initiate a comment and you will finish it with one of the options:

1.- Lo estás haciendo muy bien.

    You:

2.- Te acuerdas de Carlos? – Do you remember Carlos?

    You:

3.- Yo lo hago…

    You:

4.- Parece una estafa.

    You:

5.- Yo no le diré a nadie.

    You:

6.- No me siento bien…

    You:

7.- Tengo un casting mañana…

    You:

8.- Tienes que elegir…

    You:

9.- Quiero una hamburguesa…

    You:

10.- Esta mañana llamé a mi hermana.

      You:

¡¡Espero hayas disfrutado y aprendido mucho en este viaje en español, te espero en el siguiente libro!!

Recuerda practicar mucho y escoger de 10 a 20 palabras diarias para practicarlas, cuando sueñes en español, ¡¡tu cerebro lo habrá asimilado!!

¡¡A comerse el mundo!!

Sánchez, Renny

www.ingramcontent.com/pod-product-compliance
Lightning Source LLC
Chambersburg PA
CBHW081506080526
44589CB00017B/2672